AF748411

REFUGIADOS NÁUFRAGOS

Tratados Internacionais sobre Refugiados

Por Ângela Elisa Cabral Pacheco

Livro elaborado como produção acadêmica vinculada ao
Doutorado em Ciências Jurídicas
da **Universidad del Museo Social Argentino (UMSA)**

Brasil
2026

REFUGIADOS NÁUFRAGOS
Tratados Internacionais sobre Refugiados

Ângela Elisa Cabral Pacheco

Livro elaborado como **produção acadêmica de caráter didático e formativo**, vinculado ao **Doutorado em Ciências Jurídicas** da **Universidad del Museo Social Argentino (UMSA)**, sediada em **Buenos Aires**, com o objetivo de **apresentar e sistematizar os principais tratados internacionais de proteção aos refugiados**. A obra adota **linguagem clara, acessível e objetiva**, buscando **democratizar o conhecimento** e **facilitar a compreensão do tema por um público amplo**, sem prejuízo do rigor conceitual e da fundamentação acadêmica.

Brasil
2026

PREFÁCIO

O tema dos refugiados ocupa posição central nos debates contemporâneos do Direito Internacional e dos Direitos Humanos, especialmente diante do aumento dos fluxos migratórios forçados, dos conflitos armados, das crises humanitárias e dos deslocamentos decorrentes de eventos ambientais extremos. Entre essas realidades, a situação dos refugiados náufragos — frequentemente invisibilizada — revela desafios jurídicos, éticos e institucionais que exigem atenção cuidadosa e abordagem responsável.

A presente obra nasce da necessidade de **sistematizar e tornar acessível** as noções de conjuntos de normas, princípios e tratados internacionais que, embora fundamentais, muitas vezes permanecem restritos ao ambiente técnico-acadêmico. Optou-se, conscientemente, por uma **linguagem clara, objetiva e didática**, com o propósito de **ampliar o acesso ao conhecimento jurídico** e permitir que o tema seja compreendido não apenas por especialistas, mas também por estudantes, profissionais de áreas afins e pela sociedade em geral.

Sem renunciar ao rigor conceitual, o livro busca apresentar os fundamentos jurídicos da proteção internacional dos refugiados de forma organizada, contextualizada e inteligível, evidenciando a articulação entre o Direito Internacional dos Refugiados, o Direito do Mar e os Direitos Humanos. A intenção não é esgotar o tema, mas **abrir caminhos de compreensão**, estimular o debate informado e contribuir para a formação crítica do leitor.

Esta obra está vinculada ao percurso acadêmico desenvolvido no âmbito do Doutorado em Ciências Jurídicas da **Universidad del Museo Social Argentino (UMSA)**, sediada em Buenos Aires, e reflete o compromisso acadêmico com a **função social do Direito**: informar, esclarecer e promover a dignidade humana por meio do conhecimento.

Que este livro possa servir como instrumento de aproximação entre o Direito e a realidade social que ele busca regular, oferecendo ao leitor uma leitura acessível e reflexiva, com fundamento sobre um tema que, mais do que técnico, é profundamente humano.

ÍNDICE:

Olá, querido leitor!

Que bom ter você aqui, abrindo as páginas deste livro. Sabe, preparar este material foi uma jornada... intensa. Senti um frio na barriga em muitos momentos, mas ao mesmo tempo uma alegria profunda em poder compartilhar tudo isso com você.

Este livro nasceu de uma inquietação, de uma vontade de entender e, quem sabe, de tocar o coração das pessoas para que vejam a urgência da situação dos refugiados. É um tema denso, eu sei. Mas, prometo, faremos juntos uma imersão que, embora dolorosa em alguns momentos, será extremamente reconfortante e, espero, inspiradora.

Prepare-se: vamos mergulhar fundo.

Falaremos sobre a Convenção de 1951, sobre a diferença entre refugiados, migrantes e pessoas deslocadas. Vamos entender os contextos de guerra, perseguição e violação de direitos humanos que impulsionam o êxodo. E, confesso, é chocante perceber a dimensão do problema. Mas a esperança, a fé na humanidade, está presente em cada linha.

Entraremos nos tratados internacionais, no papel da ACNUR (Alto Comissariado das Nações Unidas para Refugiados) e nas obrigações dos estados. Discutiremos o dever de resgatar, o princípio da Responsabilidade de Proteger (R2P) e a importância da dignidade humana. Acredite, são temas que nos fazem refletir sobre o que realmente importa.

E, sabe, em meio a tudo isso, teremos histórias. Micro-histórias, como gosto de chamar. Casos de naufrágios, desafios, violações, a criminalização de quem tenta ajudar... Dói, mas é essencial. É preciso encarar a realidade, mesmo que ela nos cause frustração.

Mas nem só de lágrimas viveremos.

Veremos exemplos de boas práticas, de integração bem-sucedida, de políticas de resgate e ajuda humanitária. Analisaremos o impacto na sociedade de acolhimento e propomos soluções, caminhos para um futuro mais humano e solidário.

E, para deixar um gostinho de curiosidade, teremos reflexões profundas sobre o papel dos estados de origem, sobre o ativismo, sobre a sociedade civil.

A ideia, no final das contas, é que você, ao terminar a leitura, não seja o mesmo. Que sinta aquela faísca, sabe? A vontade de fazer algo, de se conectar com essa causa.

Ah, e antes que eu me esqueça: prepare-se para emoções! Vou compartilhar minhas impressões, meus questionamentos, minhas angústias e, principalmente, minha esperança. Não espere um texto perfeito, linear. A vida não é assim. Teremos "quebras" de lógica, comentários off-topic, e talvez até algumas lágrimas (minhas e suas!).

Este livro é uma conversa, um diálogo entre nós. Uma chance de mudar o mundo, um coração de cada vez.

Seja bem-vindo(a) a esta jornada.

Com carinho e afeto,

A autora.

Capítulo 1: Desvendando o Labirinto – Quem São os Refugiados?

Vamos começar essa jornada, amigo(a). Antes de mais nada, prepare-se para um mergulho em águas que, confesso, às vezes parecem turvas. O tema é denso, repleto de nuances e, infelizmente, permeado por mal-entendidos. Mas não se preocupe, porque juntos vamos desvendar esse labirinto chamado "refugiado". A ideia aqui é clara: tornar tudo o mais compreensível possível, com a intenção de dissipar qualquer sombra de dúvida.

Primeiro, vamos desmistificar o próprio termo. "Refugiado"... a palavra em si pode evocar imagens confusas, sentimentos contraditórios. É comum que a gente a associe a algo distante, a pessoas em situações extremas, quase como se fosse um rótulo genérico. Mas não é bem assim. Refugiado é muito mais do que uma simples palavra; é uma condição humana, uma história de vida, um grito por socorro. É gente como a gente, com sonhos, medos e esperanças, que, por circunstâncias muitas vezes cruéis, se viu forçada a deixar tudo para trás.

Para entender a fundo, precisamos ir à fonte: a Convenção de 1951 sobre o Estatuto dos Refugiados e seu Protocolo de 1967. São documentos históricos, verdadeiros faróis em meio à escuridão. Eles definem, de maneira clara e precisa, quem pode ser considerado refugiado sob a lei internacional. A definição é simples, mas carregada de significado: um refugiado é alguém que, devido a fundados temores de perseguição por motivos de raça, religião, nacionalidade, pertencimento a um grupo social particular ou opinião política, encontra-se fora do seu país de nacionalidade e não pode ou, por causa desse temor, não quer voltar.

Vamos dissecar essa definição. É como um quebra-cabeça, cada peça essencial para montar o retrato completo. O "medo justificado de perseguição" é o ponto central. Não pode ser um medo qualquer, uma apreensão vaga. Tem que ser um receio concreto, embasado em fatos, em experiências, em ameaças reais. Esse medo pode estar relacionado à raça, à religião, à nacionalidade. Ou ainda, ao pertencimento a um grupo social específico, como mulheres, pessoas LGBTQIA+, ou minorias étnicas. E, claro, a opinião política, que pode levar à repressão, à prisão, à morte. A perseguição, neste caso, pode partir do governo, de grupos armados ou de qualquer outra força que ameace a vida e a liberdade.

A "fuga" é o ato desesperado, a consequência da perseguição. É deixar tudo para trás: família, amigos, casa, trabalho, história de vida. É partir em busca de um lugar seguro, onde a pessoa possa viver sem medo, sem a constante ameaça de violência. É a busca por um novo começo, por uma chance de recomeçar.

Mas atenção! Nem todo mundo que precisa de ajuda é um refugiado. Essa é uma distinção crucial. É preciso saber diferenciar. Existem os refugiados, os migrantes e as pessoas deslocadas internamente. Cada grupo tem suas próprias motivações, suas próprias histórias. Os migrantes, por exemplo, geralmente buscam uma vida melhor, oportunidades de trabalho, educação, um futuro mais promissor. Embora passem por dificuldades, a motivação principal é a busca por uma vida mais digna.

Os refugiados, por outro lado, são forçados a fugir por causa de perseguição, conflitos, violência generalizada. Não escolhem partir, são empurrados pelas circunstâncias. Já as pessoas deslocadas internamente são aquelas que, por motivos semelhantes aos dos refugiados, são forçadas a deixar suas casas, mas permanecem em seu próprio país. É uma situação igualmente dramática, mas que envolve outras questões legais e de proteção.

Deixe-me dar um exemplo. Imagine uma família que vive em uma região em guerra. As bombas caem, a violência se espalha, a vida se torna insustentável. Essa família, com medo de perder suas vidas, decide partir. Se ela cruzar uma fronteira em busca de proteção, será reconhecida como refugiada. Se, por outro lado, ela conseguir se refugiar em outra cidade do mesmo país, será considerada uma pessoa deslocada internamente.

Pense na história de Maria, uma mulher síria que teve que fugir de seu país por causa da guerra civil. Ela deixou tudo para trás, sua casa, seus amigos, sua família. Chegou a um país distante, sem conhecer ninguém, sem falar a língua, sem saber como recomeçar. Mas, apesar de tudo, ela conseguiu. Superou desafios, aprendeu um novo idioma, conseguiu um trabalho e reconstruiu sua vida. Sua história é apenas uma entre milhões, e cada uma delas carrega em si a intensidade da experiência de ser refugiado.

É importante, essencial, que essas distinções fiquem claras. Só assim poderemos oferecer a proteção e o apoio que essas pessoas desesperadas tanto precisam. Por trás de cada número, de cada estatística, existe uma história, uma pessoa, um ser humano. É preciso enxergar essa humanidade, criar empatia, e entender que a necessidade de proteção, em um mundo cada vez mais globalizado, é urgente. O mundo inteiro está envolvido, e a responsabilidade é de todos nós.

Agora, encaramos a fria realidade, sem rodeios. O que, de fato, impulsiona alguém a se tornar um refugiado? A resposta, confesso, é multifacetada e, em muitos casos, dilacerante. Falaremos das "chamas" que assolam o mundo, os catalisadores que forçam indivíduos a abandonar seus lares e buscar refúgio em terras distantes.

Primeiramente, abordaremos o espectro da guerra, dos conflitos armados que devastam cidades inteiras, desfazem famílias e, o mais cruel, destroem a esperança. Imagine o caos, a violência desenfreada, o medo constante da morte. Pense na infraestrutura destruída, nos serviços básicos inexistentes, na insegurança que permeia cada momento. São nessas condições, com a vida em risco a cada instante, que as pessoas se veem obrigadas a fugir, a deixar tudo para trás em busca de segurança.

Mas a questão não se resume a bombas e tiros. Há também a perseguição política, uma força silenciosa, mas igualmente destrutiva. Essa perseguição, que visa silenciar vozes dissidentes, aprisionar mentes rebeldes e, em última análise, destruir vidas por causa de suas convicções. Pessoas são perseguidas por suas ideias, por suas opiniões, por sua participação em movimentos sociais ou políticos. São torturadas, presas, ou até mesmo executadas por defenderem aquilo em que acreditam. A liberdade de expressão, um direito fundamental, é suprimida, e o medo se instala como um veneno, corroendo a alma e impedindo qualquer forma de resistência.

Ainda, falaremos da violação sistemática dos direitos humanos, uma praga que assola diversas regiões do planeta. A violência, a tortura, a falta de liberdade, a discriminação racial, religiosa ou de orientação sexual transformam países em verdadeiros campos de batalha, onde a vida humana não tem valor. Crianças, mulheres, idosos, todos estão vulneráveis, sujeitos a abusos e atrocidades que deixam cicatrizes profundas e duradouras. Essa violência generalizada, essa ausência de justiça e de proteção, empurra as pessoas para o desespero, levando-as a buscar refúgio em outros países.

Para ilustrar esses pontos, apresentarei dados concretos, exemplos que nos fazem refletir sobre a dimensão do problema. A Síria, devastada por anos de guerra civil, gerou milhões de refugiados. A instabilidade política em países como a Venezuela e a Nicarágua forçou milhares de pessoas a deixarem suas casas em busca de uma vida mais digna. Em regiões da África, como Sudão do Sul e República Democrática do Congo, conflitos étnicos e religiosos provocaram um êxodo em massa.

Diante de um mundo em chamas, a proteção internacional surge como um farol de esperança, um refúgio para aqueles que perderam tudo. Compreender as causas da crise dos refugiados é o primeiro passo para encontrar soluções eficazes e duradouras. Afinal, a compaixão e a solidariedade são essenciais para construir um mundo mais justo e humano.

Depois de entender o que é ser refugiado e os motivos que levam as pessoas a buscar refúgio, é hora de refletir sobre a importância da proteção internacional. Mas por que ela é tão crucial em um mundo cada vez mais interconectado? A resposta, meus amigos, reside em uma combinação de princípios morais, compromissos legais e uma pitada de pragmatismo.

Pense comigo: a Declaração Universal dos Direitos Humanos, aquele documento inspirador que ecoa os valores mais nobres da humanidade, proclama, em seu artigo 14, o direito de buscar e gozar asilo em outros países em caso de perseguição. É um direito fundamental, esculpido na pedra angular da dignidade humana. A proteção aos refugiados, portanto, não é apenas uma questão de caridade, mas sim um dever, um imperativo moral que nos une.

Mas a proteção internacional vai além das palavras bonitas nos documentos. Ela se manifesta em ações concretas. Países que ratificam a Convenção de 1951 e o Protocolo de 1967 assumem obrigações legais, como a de não devolver um refugiado a um país onde sua vida ou liberdade estejam em perigo – o famoso princípio da não devolução. Além disso, os países signatários devem garantir aos refugiados acesso a direitos básicos, como educação, saúde e emprego.

Acolher refugiados, meus amigos, é um investimento no futuro. Ao oferecer proteção e oportunidades, abrimos portas para que essas pessoas reconstruam suas vidas e contribuam para as sociedades que as recebem. Os refugiados trazem consigo talentos, experiências e perspectivas que enriquecem nossas comunidades. Muitos deles são empreendedores, inovadores e artistas que, com o tempo, impulsionam a economia e a cultura.

A proteção internacional também é um elemento essencial para a estabilidade global. Ao oferecer um refúgio seguro para aqueles que fogem da violência e da opressão, ajudamos a evitar que os conflitos se espalhem. O apoio aos refugiados, portanto, é uma forma de promover a paz e a segurança em todo o mundo.

E, claro, não podemos esquecer o papel crucial das organizações internacionais, como o ACNUR (Alto Comissariado das Nações Unidas para Refugiados), na proteção aos refugiados. O ACNUR trabalha em parceria com governos, ONGs e outras entidades para fornecer assistência humanitária, proteção legal e soluções duradouras para os refugiados. O trabalho dessas organizações é fundamental para garantir que os refugiados tenham acesso aos seus direitos e possam reconstruir suas vidas com dignidade.

A sociedade civil também tem um papel vital a desempenhar. ONGs, grupos religiosos, voluntários e cidadãos individuais podem fazer a diferença, oferecendo apoio prático, sensibilizando a sociedade e pressionando por políticas mais justas e humanas. Cada ação, por menor que seja, conta. Um gesto de acolhimento, uma doação, um ato de solidariedade podem ter um impacto significativo na vida de um refugiado.

Mas a responsabilidade não é apenas das nações, das organizações e da sociedade civil. Cada um de nós, como indivíduos, tem um papel a desempenhar. Podemos nos informar sobre a situação dos refugiados, combater o preconceito e a discriminação, apoiar organizações que trabalham com refugiados e, acima de tudo, mostrar empatia e compaixão.

A proteção internacional é, acima de tudo, um ato de esperança. É a crença de que, mesmo nos momentos mais sombrios da história, podemos construir um mundo mais justo e humano. É a certeza de que, juntos, podemos superar os desafios e construir um futuro melhor para todos.

Para finalizar, é crucial que compreendamos a relevância do tema no cenário internacional. Em um mundo globalizado, onde as fronteiras se tornam cada vez mais maleáveis e os conflitos se disseminam com celeridade, a questão dos refugiados adquire uma importância crescente, exigindo uma atenção redobrada. A urgência da situação é inegável, e as implicações se estendem por diversas esferas, desde a segurança humana até a estabilidade política e econômica global.

Observamos que o tema dos refugiados ocupa um lugar de destaque nas agendas de organismos internacionais, como a Organização das Nações Unidas (ONU), a União Europeia (UE) e diversas outras organizações não governamentais. A cada ano, essas entidades se debruçam sobre o assunto, elaborando relatórios, emitindo resoluções e promovendo debates que visam encontrar soluções para a crise. Os números e dados apresentados por esses órgãos são alarmantes, demonstrando a magnitude do problema e a necessidade de ações urgentes e coordenadas.

A ONU, por exemplo, através do Alto Comissariado das Nações Unidas para os Refugiados (ACNUR), desempenha um papel fundamental na proteção e assistência aos refugiados em todo o mundo. A ACNUR atua em diversas frentes, desde o registro e identificação dos refugiados até a oferta de abrigo, alimentação, assistência médica e educação. A organização também se dedica a promover a integração dos refugiados nas comunidades de acolhimento e a buscar soluções duradouras para a crise, como o retorno voluntário ao país de origem, a integração local ou o reassentamento em um terceiro país.

A União Europeia, por sua vez, tem um papel relevante na questão dos refugiados, tanto através de suas políticas internas quanto através de sua atuação em nível internacional. A UE oferece apoio financeiro e técnico aos países que recebem refugiados, além de promover a cooperação entre os Estados membros para o gerenciamento do fluxo migratório. A UE também trabalha em parceria com a ACNUR e outras organizações internacionais para garantir a proteção dos refugiados e promover o respeito aos seus direitos humanos.

Além disso, diversas organizações não governamentais (ONGs) e a sociedade civil desempenham um papel crucial na proteção e assistência aos refugiados. Essas entidades atuam em diversas áreas, desde a oferta de ajuda humanitária até a defesa dos direitos dos refugiados e a promoção da conscientização sobre a questão. O trabalho dessas organizações é fundamental para garantir que os refugiados tenham acesso aos seus direitos e possam reconstruir suas vidas em segurança e dignidade.

A compreensão da relevância do tema na agenda internacional é o ponto de partida para a ação. É através do conhecimento e da conscientização que podemos construir uma sociedade mais justa e acolhedora, onde os direitos dos refugiados sejam respeitados e suas necessidades sejam atendidas. Este capítulo é apenas o começo de uma jornada de reflexão e ação. Convidamos você a se aprofundar no assunto, a buscar mais informações e a se juntar a nós na luta pela proteção dos refugiados em todo o mundo. A próxima etapa nos guiará por caminhos ainda mais densos, desvendando as raízes do deslocamento forçado, explorando as complexidades que transformam vidas e moldam o destino de milhões. A responsabilidade é de todos nós.

Capítulo 2: Tratados internacionais sobre refugiados

A questão dos refugiados, uma das mais prementes do nosso tempo, é regulada por uma série de tratados internacionais que buscam oferecer proteção aos indivíduos forçados a deixar seus países devido a ameaças à sua segurança, perseguições e violações de direitos humanos. No coração dessa estrutura jurídica encontra-se a Convenção de 1951 sobre o Estatuto dos Refugiados e seu Protocolo de 1967. Essas convenções foram elaboradas com o intuito de criar um padrão mínimo de direitos e garantias para os refugiados, reconhecendo que, em condições de deslocamento forçado, cada vida deve ser valorizada e protegida.

É interessante observar como a Convenção de 1951 surgiu em um contexto pós-Segunda Guerra Mundial, quando o mundo estava repleto de pessoas em busca de abrigo e dignidade. Era um tempo de reflexão, de reavaliação das obrigações dos Estados em relação aos indivíduos que enfrentam circunstâncias desesperadoras. A Convenção não apenas trouxe à tona a definição de "refugiado" – incluindo aqueles que fogem de perseguições fundadas em raça, religião, nacionalidade, pertencimento a um grupo social ou opinião política – mas também estabeleceu, de forma meticulosa, os direitos desses indivíduos. O Protocolo de 1967 ampliou esse escopo, eliminando restrições geográficas e temporais que limitavam a proteção a casos anteriores a 1951. Isso foi um passo essencial, principalmente em um momento em que os deslocamentos forçados se tornavam cada vez mais globais e complexos.

Em um mundo marcado pelo aumento massivo de deslocamentos forçados, a relevância desses tratados se torna ainda mais evidente. Estima-se que atualmente milhões de pessoas estejam em busca de abrigo. As normas internacionais não são apenas documentos frios; elas são a promessa de um mundo em que a segurança e a dignidade humana não sejam meras quimeras. Elas nos lembram que, enquanto sociedade global, temos o dever de acolher e proteger aqueles que tanto precisam.

Uma das características mais intrigantes da evolução dos tratados internacionais sobre refugiados é olhar para sua adaptação às realidades mutantes do deslocamento. As crises atuais, muitas vezes desencadeadas por conflitos armados, perseguições políticas ou desastres naturais, exigem uma resposta ágil e eficaz das nações. Nesse sentido, é crucial entender que as convenções não são estagnadas; elas são, e devem ser, um reflexo das necessidades contemporâneas, sempre buscando oferecer um abrigo mais seguro e acolhedor para aqueles que fogem da incerteza.

Num tom mais pessoal, é difícil não lembrar das histórias que escutamos de refugiados. Aquelas narrativas emocionantes, que nos fazem sentir um frio na barriga ao imaginar o que é deixar tudo para trás em busca de um futuro melhor. Cada relato carrega consigo a alma de quem teve seus sonhos interrompidos e mostra como é essencial que as normas criadas para protegê-los não sejam apenas palavras em um papel, mas sim ações concretas que impactem suas vidas. E isso nos leva a refletir, será que estamos fazendo o suficiente?

O papel dos tratados internacionais vai além da letra fria e se insere no cotidiano das vivências de milhares de seres humanos. Portanto, é fundamental que a sociedade civil, juntamente com os governos e a ONU, não apenas reconheçam essas obrigações, mas tenham a coragem de aplicá-las, quebrem a lógica burocrática e façam o que for necessário para superar as barreiras que ainda persistem. Afinal, alguém se lembra de como esse sonho de um lar, seguro e acolhedor, é uma aspiração universal? Por isso, a luta pela proteção dos refugiados não é apenas um desafio jurídico, mas um imperativo moral, que requer nossa atenção e esforço conjunto.

Em suma, a Convenção de 1951 e o Protocolo de 1967 são não apenas instrumentos jurídicos, mas também marcos de um compromisso humano com a dignidade. Eles evidenciam a necessidade premente de que estados e sociedade civil colaborem para garantir que os direitos dos refugiados não sejam meramente respeitados, mas vivenciados na prática, transformando o discurso em realidade e, quem sabe, fazendo com que histórias de sofrimento se transformem em narrativas de esperança e reconstrução.

A ACNUR, ou Alto Comissariado das Nações Unidas para Refugiados, ocupa um papel central na proteção dos direitos dos refugiados e na coordenação dos esforços globais para enfrentar crises de deslocamento forçado. Desde a sua criação em 1950, essa agência tem se destacado como uma linha de defesa vital para milhões de pessoas que se veem forçadas a abandonar suas casas em busca de segurança. A atuação da ACNUR se fundamenta em princípios de humanitarismo e direitos humanos, e sua missão está ancorada na necessidade de garantir que os refugiados tenham acesso a proteção, assistência e oportunidades de recomeço.

Em situações de emergência, a ACNUR é frequentemente a primeira a responder. Imagine, por um momento, um campo de refugiados emergindo no meio do deserto – barracas improvisadas, pessoas à procura de um sinal de seus entes queridos, crianças brincando com o que têm. É nesse cenário que a ACNUR se torna o fio condutor, levando não apenas ajuda imediata, mas também implementando programas de proteção e integração. Sua atuação vai muito além de fornecer alimentos e abrigo; a agência trabalha para garantir que os direitos dos refugiados sejam respeitados, promovendo a dignidade e a auto-suficiência.

A interação da ACNUR com os estados membros é multifacetada. A responsabilidade das nações que ratificaram os tratados internacionais implica, entre outras coisas, que devem respeitar as normas estabelecidas para a proteção de refugiados. Quando um país aceita essa responsabilidade, ele se compromete a oferecer abrigo a quem não pode voltar para sua terra natal. Contudo, essa promessa nem sempre é cumprida na prática. Por exemplo, temos relatos de nações que, embora signatárias da Convenção de 1951, implementam políticas restritivas que dificultam a entrada e permanência de refugiados. Isso nos leva a questionar o que realmente acontece quando os compromissos não se traduzem em ações concretas.

Olhar para o que acontece a nível global nos permite ver como a ACNUR atua em colaboração com diferentes partes – estados, ONGs, comunidades locais. Em muitos casos, essa rede de apoio se transforma em um suporte sólido, como quando funciona em conjunto com organizações parceiras para traçar planos de repatriação segura ou integração, proporcionando uma nova vida para aqueles que foram obrigados a deixar tudo para trás. É um trabalho meticuloso e, frequentemente, desafiador, que exige uma abordagem equilibrada entre a necessidade de proteção imediata e a busca de soluções duradouras.

No entanto, há lacunas significativas a serem consideradas. A realidade dos refugiados é repleta de desafios, muitos deles ancorados em legislações que não acompanharam as mudanças das circunstâncias globais. A emergência de novas crises sísmicas, conflitos armados e desastres ambientais exige que os documentos jurídicos existentes sejam constantemente revistos e atualizados. Muitas vezes, as interpretações dessas legislações variam enormemente entre os países, criando um mosaico de respostas que pode ser frustrante. É surpreendente pensar que, em pleno século XXI, ainda há países que hesitam em acolher aqueles que fogem da guerra ou da perseguição por medo ou preconceito, desconsiderando a essência solidária que deveria governar as relações internacionais.

E aqui surge um ponto crucial: que tipo de mundo queremos construir? Enquanto algumas nações prosperam, outras se veem atoladas em crises humanitárias. O conceito de solidariedade deve ser um pilar em tempos de incerteza. Precisamos de um compromisso coletivo e genuíno. Como observou o poeta e ativista, a verdadeira riqueza de uma sociedade se mede pela forma como trata os menos afortunados. Superar barreiras, ouvir essas histórias de vida, é essencial. Não podemos nos dar ao luxo de ignorar as lições do passado e as vozes que clamam por justiça e pertencimento.

Como podemos, então, nos certificar de que estamos fazendo o nosso papel? As iniciativas de inclusão são uma parte fundamental dessa transformação. Países que decidem facilitar a integração dos refugiados nas suas comunidades muitas vezes são recompensados pela riqueza que essas novas vozes proporcionam. A diversidade cultural, as habilidades e as experiências trazidas pelos refugiados transformam sociedades, no fundo, enriquecendo a tapeçaria social. Essa troca, esse entrelaçar de histórias, é um milagre cotidiano, a vida se reinventando de formas surpreendentes.

Fica claro, portanto, que a proteção dos refugiados é uma tarefa que envolve responsabilidade compartilhada. O papel da ACNUR é inspirador, mas não deve ser visto como uma responsabilidade isolada. É um convite à ação de cada um de nós. Ao refletir sobre esses desafios, somos lembrados da necessidade urgente de uma abordagem renovada, que não deixe espaço para a indiferença. Cada história de vida é um chamado à ação e um lembrete de que, no final das contas, nossa humanidade é interligada por uma rede complexa de solidariedade e empatia.

A análise das responsabilidades dos estados que ratificaram os tratados internacionais sobre refugiados revela um quadro complexo e multifacetado. Ao se comprometerem a adotar e implementar as diretrizes das convenções, os países assumem um papel crucial na proteção dos indivíduos que se veem forçados a deixar suas regiões de origem por questões de perseguição, conflitos armados, ou violações de direitos humanos. Essa responsabilidade não se limita apenas ao acolhimento físico, mas também abrange a garantia de direitos fundamentais, como o acesso à educação, saúde e à integração social.

É impressionante como muitos estados, após ratificarem a Convenção de 1951 e seu Protocolo de 1967, ainda enfrentam dificuldades significativas na implementação efetiva dessas normas. Por exemplo, um dos compromissos essenciais envolve a não deportação de refugiados para locais onde suas vidas estejam em risco. No entanto, vemos na prática que várias nações optam por políticas de fechamento de fronteiras, dificultando o acesso a asilos e criando barreiras quase impenetráveis. Isso resulta em um quadro decadente de proteção para milhões que buscam abrigo e segurança.

A obrigação de facilitar a integração dos refugiados em suas novas comunidades também é um aspecto vital que merece destaque. Exemplos de países que têm se destacado na implementação dessas políticas trazem esperança. Na Alemanha, após a crise migratória de 2015, o governo investiu em programas de acolhimento e inclusão, proporcionando cursos de língua e educação profissional. A integração deve ser um processo cativante, que não apenas promove a aceitação, mas também reconhece o potencial dos refugiados como contribuintes para a sociedade. A riqueza de experiências e conhecimentos que esses indivíduos trazem pode ser um elemento transformador nos lugares que os acolhem.

Ainda assim, as lacunas nas legislações e práticas continuam a ser um desafio massivo. Muitas nações parecem resistir à adoção de normas mais inclusivas ou à revisão de suas legislações para refletir as realidades atuais dos deslocamentos forçados. Há uma necessidade urgente de um diálogo eficaz entre países e organizações internacionais para que possa haver uma atualização significativa nas políticas que regem a proteção de refugiados. Desafios como a falta de recursos, sistemas judiciais inadequados e preconceitos culturais precisam ser abordados de maneira honesta e aberta.

As divergências nas interpretações dos compromissos assumidos pelos estados tornam ainda mais difícil uma abordagem global consistente para a crise dos refugiados. Enquanto alguns governos veem os tratados como instrumentos obrigatórios, outros interpretam suas obrigações de forma mais flexível, o que pode gerar conflitos jurídicos e práticos na implementação dessas normas. Um exemplo impactante é o tratamento desigual que diversas nacionalidades de refugiados recebem, demonstrando que a proteção nem sempre é aplicada de forma equitativa.

Em suma, a responsabilidade dos estados em relação aos refugiados é um tema que exige reflexão profunda e ação decisiva. A proteção dos direitos humanos é um imperativo moral e legal, e avançar nesse sentido não é apenas uma questão de cumprir obrigações, mas sim de reconhecer a dignidade fundamental de cada ser humano. A construção de um futuro mais seguro e acolhedor para os refugiados dependerá de um entendimento coletivo da importância da cooperação internacional e da necessidade de criar sistemas que priorizem a segurança e a dignidade. O verdadeiro milagre da solidariedade global pode surgir se conseguirmos superar as barreiras que nos separam e reconhecer que, na essência, todos nós buscamos um lugar seguro para chamar de lar.

À medida que discutimos as lacunas nas legislações e práticas relativas aos tratados internacionais sobre refugiados, é crucial reconhecer que as obrigações assumidas pelos estados vão além da mera formalidade; elas demandam um comprometimento ético com a dignidade humana. Muitas nações, apesar de ratificarem os tratados, ainda encontram uma série de obstáculos que dificultam a implementação efetiva das diretrizes acordadas. Por exemplo, a falta de infraestrutura adequada para abrigar refugiados pode levar a condições de vida precárias em centros de acolhimento.

Além disso, a interpretação das obrigações pode variar significativamente de um país para outro, levando a um mosaico de realidades que podem ser contraditórias e até mesmo injustas. Há nações que apresentam políticas acolhedoras, adotando medidas para garantir a integração dos refugiados na sociedade, como o acesso à educação, ao trabalho e aos serviços de saúde. Por outro lado, há estados que, mesmo sob tratados internacionais, implementam barreiras que dificultam a entrada ou a permanência de refugiados, alegando questões de segurança nacional ou pressões econômicas.

Uma questão essencial que surge nesse contexto é a necessidade de atualização dos tratados. Com as dinâmicas de migração mudando constantemente, é alarmante que muitos dos tratados existentes não tenham sido revisados para se adequar às novas realidades geopolíticas. O deslocamento forçado devido a conflitos armados, perseguições políticas e desastres naturais exige respostas mais rápidas e eficazes, o que muitas vezes não é atendido pelas normas atuais.

Outro ponto de discussão gira em torno do papel da sociedade civil e das organizações não governamentais. Muitas vezes, são essas entidades que preenchem lacunas deixadas pelos estados na proteção dos direitos dos refugiados. Ações emergenciais, como a assistência humanitária e programas de integração, são frequentemente orquestradas por essas instituições, destacando a importância de uma colaboração mais estreita entre os governos e as ONGs. Sem essa parceria, os esforços são, no melhor dos casos, fragmentados e, no pior, podem levar a situações de desamparo e violação de direitos.

Alternativas para suprir as lacunas existentes incluem a promoção de diálogos multilaterais que reúnam diferentes países para discutir abordagens inovadoras e sustentáveis. Campanhas de conscientização que envolvam a população local sobre os direitos e as necessidades dos refugiados também são fundamentais. Essa educação pode transformar percepções e gerar um ambiente mais acolhedor, ao invés de alimentar tensões baseadas em medo ou preconceito.

São muitos os desafios que ainda persistem, e a necessidade de um diálogo contínuo é mais relevante do que nunca. Em um mundo onde os deslocamentos forçados se tornaram uma nova norma, a adaptação frequente e a evolução das legislações precisam ser parte de uma reflexão mais ampla sobre a solidariedade humana. Afinal, a dignidade dos refugiados não deve ser apenas uma ideia abstrata, mas um princípio que guia a ação dos estados e da comunidade internacional como um todo. Se não olharmos para essas questões de maneira crítica e responsável, podemos estar fadados a repetir os erros do passado, negligenciando o que é, sem dúvida, uma questão de direitos humanos e de justiça social. Essa reflexão deve nos levar a considerar não apenas como os tratados existem no papel, mas como eles podem e devem ser vivenciados na realidade cotidiana de milhões de pessoas em busca de segurança e dignidade.

Capítulo 3: O dever de resgatar

O conceito de Responsabilidade de Proteger, frequentemente abreviado como R2P, surge em um contexto de urgência e necessidade humanitária. Essa ideia não é apenas uma expressão de boas intenções; é um compromisso moral e legal que reconhece que a comunidade internacional possui a obrigação de proteger populações em situações extremas, como genocídios, crimes de guerra e limpeza étnica. Afinal, quem não se lembra de imagens de refugiados em botes infláveis, desafiando ondas perigosas em busca de uma vida melhor? Cada um daqueles rostos representa não apenas uma estatística, mas uma história de dor, luta e esperança.

A essência do R2P vai além da mera proteção; trata-se de uma chamada à ação. Quando falamos sobre salvar vidas no mar, estamos inevitavelmente conectando a moralidade das ações de resgate com a realidade brutal vivida por milhões de refugiados ao redor do mundo. É um testemunho de nossa humanidade coletivamente compartilhada, um convite para que nos comprometamos com o bem-estar daqueles que estão em perigo. Alguns países, por exemplo, adotaram medidas concretas para garantir esse tipo de proteção, enquanto outros se mostraram complacentes, ignorando o seu papel crucial. O que estamos dispostos a aceitar como sociedade? Até onde vai nosso dever?

É interessante perceber que a legalidade das ações de resgate no mar não é uma questão simples. Diversas legislações podem interagir com o R2P, e isso gera debates intensos. Por exemplo, como a legislação marítima e a prática de direitos humanos se cruzam em águas internacionais? As águas, que uma vez pareceram ser um espaço de liberdade, agora estão repletas de armadilhas legais que podem, ironicamente, dificultar a ação de quem deseja ajudar. Há quem argumente que resgatar pessoas em perigo não é apenas um ato moral, mas um dever legal – e a falta de ação pode até mesmo ser vista como conivência com a trajetória trágica que muitos refugiados enfrentam.

O verdadeiro teste está em observar como os diferentes Estados se comportam perante essa realidade. Há histórias que impressionam, que nos mostram que a ajuda chegou a quem mais precisava, enquanto outras nos fazem sentir o frio na espinha, ao perceber que a indiferença foi a escolha. Esse compromisso coletivo de garantir que a ajuda chegue a quem necessita é essencial; no entanto, a aplicação efetiva do R2P muitas vezes é rejeitada por razões políticas e econômicas.

A pergunta que nos intriga é: o que deve ocorrer para que percebamos que a responsabilidade de proteger não é apenas um slogan bonito, mas uma exigência das realidades em que vivemos? É claro que existem desafios, mas também há um potencial massivo para mudança. Precisamos lembrar que cada ação conta e que, no fundo, o dever de resgatar não é apenas uma questão de política internacional, mas uma questão de caráter humano. Que tipo de mundo queremos construir? O mundo que finge que está tudo bem enquanto pessoas passam por situações desesperadoras ou aquele que se levanta e faz algo por um semelhante? Afinal, a proposta do R2P nos leva a um ponto crítico: a proteção é um dever compartilhado, e cabe a todos nós respondermos a esse chamado, unindo forças para agir em sua defesa.

Estamos todos interligados nesse grande tecido da vida. É um convite à empatia, à compreensão e, acima de tudo, à ação. E a cada vez que nos permitimos olhar para essa questão, estamos dando um passo mais próximo de um mundo onde a segurança e os direitos humanos sejam realmente garantidos para todos, sem exceção.

A análise das teorias jurídicas que sustentam a necessidade de resgatar refugiados em alto-mar revela um campo de complexidade impressionante e, ao mesmo tempo, urgente. Quando falamos do direito marítimo, é vital considerar como ele se entrelaça com o direito internacional humanitário. Esses dois campos não existem em vácuo; eles se interagem em situações extremas, onde vidas humanas estão pendendo por um fio.

O direito marítimo, por exemplo, estabelece normas para a navegação e segurança no mar, enquanto o direito internacional humanitário versa sobre a proteção de populações durante conflitos armados. Estes dois universos jurídicos convergem quando se trata de operações de resgate no mar, e, claro, é a proteção de vidas que deve prevalecer sobre quaisquer divergências tecnicamente legais. Nos últimos anos, vimos exemplos palpáveis disso. Várias embarcações, tanto de ONGs quanto de governos, foram acionadas em lutas difíceis e cintilantes contra o tempo para resgatar aqueles que lutavam para escapar de situações de desespero extremo. E você pode se perguntar: o que fundamenta essas ações?

A resposta não é simples. Um dos aspectos centrais diz respeito à Convenção das Nações Unidas sobre o Direito do Mar, que estabelece que todos têm direito à proteção e ao socorro no mar. Essa convenção, longe de ser um mero documento empoeirado na prateleira de uma biblioteca, se transforma em um mantra de ações que frequentemente desafiam as interpretações rígidas da lei. Ao agir em conformidade com esses princípios, as embarcações buscam respeitar as obrigações que brotam não apenas de textos normativos, mas também da própria natureza humana.

Agora, se pensarmos em casos concretos, notamos que a balança da justiça muitas vezes pende para o lado da inação. Muitas nações preferem se esquivar de suas responsabilidades, e isso cria um efeito dominó. Quando um Estado se recusa a intervir, a consequência não é apenas a morte de indivíduos que buscavam segurança; é um golpe na integridade da comunidade internacional. Analisando eventos passados, podemos observar como a recusa em respeitar essas obrigações associadas ao resgate levou a um empobrecimento da confiança mútua entre as nações. O que significaria isso em termos de cooperação futura? Um beco sem saída.

O que mais impressiona é como a ausência de ação é muitas vezes justificada por questões de soberania ou até mesmo pela alegação de insegurança. Esses argumentos, embora declamados em tribunais e fóruns internacionais, se desmontam diante da realidade que estamos enfrentando. O direito internacional humanitário obriga os Estados a não apenas se abster de causar danos, mas a agir de maneira proativa em situações que exigem socorro. É quase um paradoxo: a legalidade pode existir, mas a moralidade, com frequência, fica em segundo plano.

Um exemplo notável é o caso das operações de resgate realizadas no Mar Mediterrâneo, onde barcos de refugiados se tornam verdadeiras armadilhas mortais. Nesses casos, as intervenções poderiam ter sido justificadas sob leis internacionais, mas isso não impede que a hesitação leve a consequências dramáticas. Navegando por águas de jurisdição complexa, muitos Estados se negaram a reconhecer suas obrigações, e essa não ação acaba criando um vazio que outros podem explorar de maneiras que nem sempre são éticas.

Este é o ponto fundamental: o que se espera de um Estado que se diz comprometido com os direitos humanos? Espera-se que ele atue. E aqui chega o cerne da questão. As normas que deveriam proteger, em última análise, se tornam armadilhas que alimentam o ciclo de sofrimento se não forem aplicadas de maneira robusta e decisiva. Temos, então, que refletir sobre que tipo de legado queremos deixar e como nossas escolhas, ou a falta delas, moldam o futuro da sociedade global.

Devemos, portanto, considerar a inação frente à urgência da responsabilidade coletiva. O impacto da omissão não se limita a números frios em relatórios; impacta vidas, destrói famílias e gera um sentimento de abandono. Ao nos debruçarmos sobre esses temas, uma pergunta ecoa em nossos corações: até que ponto estamos dispostos a ir para garantir que a ajuda chegue àqueles que mais necessitam? Essa interseção entre a legalidade e a moralidade é onde reside a verdadeira essência do nosso compromisso como seres humanos. E, nesse sentido, cada história de resgate não é apenas uma narrativa de sobrevivência, mas um chamado à ação que deve ressoar em todos nós.

Os precedentes legais que moldaram a percepção global sobre os resgates de refugiados são fundamentais para compreendermos as obrigações humanitárias que os países e a comunidade internacional enfrentam. O papel dos tratados internacionais, como a Convenção de 1951 sobre o Estatuto dos Refugiados, e seus Protocolos, são exemplos cruciais que estabeleceram normas que precisam ser seguidas. Esses documentos não são apenas formalidades jurídicas, mas refletem um compromisso moral das nações em proteger aqueles que fogem de perseguições, guerras e crises humanitárias.

Um caso emblemático que ilustra a concretização desses princípios ocorreu em 2015, durante a crise dos refugiados sírios. Naquele ano, milhões de pessoas tentaram atravessar o Mar Mediterrâneo em busca de segurança. Um incidente marcante foi o naufrágio do barco que levava cerca de 800 pessoas, resultando em uma tragédia que ecoou pelo mundo. As imagens do resgate, que estavam longe de ser gloriosas, tornaram-se um chamado à ação para líderes de várias nações. A comunidade internacional foi convocada a refletir sobre como suas políticas poderiam contribuir para evitar que semelhantes desastres ocorressem novamente.

A análise dos casos de resgate em alto-mar revela um cenário repleto de nuances. Quando falamos sobre esses precedentes, não podemos ignorar o impacto das decisões dos tribunais internacionais. Um exemplo significativo é o trabalho da Corte Internacional de Justiça, que frequentemente aborda a responsabilidade de proteção em relação ao direito dos refugiados. Nesse contexto, decisões judiciais têm o poder de moldar não apenas as políticas dos Estados, mas também a formação de um consenso global sobre o que é considerado aceitável.

Outro aspecto fascinante, mas trágico, é a discrepância entre a lei e a prática. Enquanto alguns países agem em consonância com os princípios estabelecidos, outros, preocupados com as implicações políticas ou sociais, podem ignorar essas obrigações. Essa dualidade levanta questões éticas importantes: até onde vai a responsabilidade de um país em socorrer aqueles que estão em necessidade? Excluir a assistência humanitária sob o pretexto de segurança nacional é uma ideia que, embora comum, carece de um fundamento moral que um verdadeiro compromisso humanitário deveria oferecer.

As histórias de pessoas que atravessaram fronteiras, muitas vezes enfrentando perigos inimagináveis, revelam um aspecto ainda mais profundo da questão. Lembremo-nos, por exemplo, de Amina, uma jovem síria que deixou sua terra natal e, após uma travessia dolorosa, encontrou abrigo numa pequena ilha grega. Ela não era apenas um número ou uma estatística. Sua história individual impactou não apenas a vida dela, mas a de muitos que a cercaram, desafiando a indiferença e forçando uma reflexão sobre o que os países estão dispostos a fazer em nome da humanidade.

Assim, ao olharmos para os precedentes legais e éticos dos resgates, não podemos perder de vista o impacto das decisões que chegamos a tomar. Cada política formulada e cada ação realizada possuem uma influência ressonante que ultrapassa as fronteiras. Refletir sobre os resgates é pensar nos caminhos que construímos e nas cicatrizes que deixamos. O resgate humano é mais do que um ato de caridade; é um reflexo direto de nossas decisões e valores coletivos.

Se a comunidade internacional hesitar em atender a essas demandas, o que estaremos dizendo sobre quem somos enquanto sociedade? Portanto, esses precedentes nos instigam a considerar não apenas os desafios que enfrentamos, mas também as oportunidades de superar a indiferença e, em última análise, resgatar vidas. Essa é uma responsabilidade compartilhada que, se não for exercida, nos moldará de maneiras que nem mesmo conseguimos imaginar. O eco dessas ações não deve ser subestimado; ele pode ser a diferença entre a vida e a morte em um mundo cada vez mais interconectado.

Quando olhamos para o impacto da inação diante de crises humanitárias, é preciso considerar não apenas os efeitos imediatos sobre os indivíduos diretamente afetados, como os refugiados, mas também as ramificações mais amplas que emergem dessa apatia. Uma sociedade que decide ignorar o chamado por ajuda enfrenta consequências que reverberam em sua própria moral e identidade, e, em muitos casos, no seu futuro coletivo. Essa indiferença, que pode parecer uma postura de "não me envolva" em um primeiro momento, acaba se transformando numa pedra que atinge o próprio autor.

A primeira evidência dessa inação se mostra nas tensões sociais que se intensificam quando as pessoas são deixadas à própria sorte. O ciclo de violência e desespero tende a se perpetuar, resultando em crises internas nos países que já enfrentam desafios. Ao não resgatar vidas que estão prestes a se extinguir no mar ou a ser exauridas em terras estranhas, as nações não apenas desrespeitam a dignidade humana, mas também criam um vácuo onde o extremismo e a radicalização podem florescer. A ausência de ação pode ser vista como um convite para que aqueles que se sentem desamparados busquem alternativas menos desejáveis, em busca de alguma forma de pertencer ou de ser ouvido.

E não para por aí. O olhar global que as sociedades mantêm vai se ajustando de acordo com suas ações e omissões. Quando um país se exime de suas responsabilidades humanitárias, isso não passa despercebido. A reputação internacional se deteriora, e a confiança entre as nações se esvai. Um exemplo disso pode ser visto na resposta (ou na falta dela) de países ricos diante da crise de refugiados sírios. Aqueles que poderiam ter feito mais, que têm os recursos e a capacidade de agir, acabam sendo vistos como desprovidos de compaixão, o que contribui para um clima de polarização e descontentamento global. Essa narrativa negativa se transforma em um cão de guarda constante da diplomacia, onde a não ação se traduz em barreiras comerciais, políticas e culturais.

Além disso, há o impacto moral sobre os cidadãos que vivem nesses países. Quando a indiferença se torna norma, as sociedades perdem sua essência, um pouco a cada ato de omissão. Fica mais difícil distinguir o que é justo e o que se tornou aceitável, à medida que o cotidiano é permeado pela ideia de que o sofrimento alheio é problema de um outro lugar, outras pessoas. Esse estado de indiferença não é só uma questão ética; vai além, afetando a maneira como se constrói a identidade de um povo, como se define humanidade em um mundo interconectado.

É essencial que a comunidade internacional não apenas formule compromissos, mas que coloque efetivamente em prática esse entendimento de resgatar como um valor primordial. Proteger vidas e dignidade humana deve ser tão definitivo quanto legislar sobre armas. Quando uma nação decide atuar como agente de mudança, não só transforma a vida de milhares, mas também propaga sementes de esperança que podem florescer em outros contextos.

Portanto, a realidade que se instaura quando decidimos nos afastar é preocupante. Nos tornamos cúmplices de um ciclo de desespero e desesperança. Cada vida não resgatada é uma história que deixamos de ouvir, um potencial futuro que se esvai. O papel da comunidade global é garantir que essa moralidade não apenas exista em tratados e convenções, mas que ressoe em cada coração e em cada ação cotidiana. Cada um de nós, de alguma maneira, tem a responsabilidade de cultivar a empatia e a solidariedade, de transformar essa consciência colectiva em vigor legítimo que defenda os vulneráveis. Somente então poderemos nos erguer, não apenas como nações, mas como humanidade.

É um desafio imenso, inegavelmente, mas é na busca por essa colaboração solidarity que podemos evitar a estagnação de um futuro sombrio, onde os resgates e as ações humanitárias não sejam apenas um desejo, mas um reflexo da essência que nos unifica. Refletir sobre o que significa resgatar não é apenas uma ação política; é um apelo à consciência de cada um de nós, para que possamos, efetivamente, superar o vazio da indiferença.

Capítulo 4: A relação entre Direito Internacional e direitos humanos

Neste capítulo, vamos nos aprofundar na perspectiva do Direito Internacional sobre a proteção de refugiados, que é um tema de extrema relevância em nosso mundo contemporâneo. Os refugiados, pessoas que se veem forçadas a deixar seu país devido a perseguições, conflitos armados ou violação de direitos humanos, enfrentam enormes desafios para preservar sua dignidade e garantir seus direitos básicos. Aqui, é crucial observar como os tratados e convenções internacionais moldaram a proteção a esses indivíduos, estabelecendo normas fundamentais que precisam ser respeitadas por todos os Estados.

Inicialmente, podemos destacar a Convenção de Genebra de 1951, que é um marco na proteção dos direitos dos refugiados. Esse documento define quem é um refugiado e estabelece os direitos que eles devem ter, bem como as obrigações dos países em relação à sua proteção. A Convenção é acompanhada pelo Protocolo de 1967, que ampliou o alcance temporal e geográfico da proteção. Esses tratados não apenas consagram direitos, mas também insta os Estados a garantir um ambiente seguro para aqueles que fogem de situações que comprometem suas vidas. Isso inclui a proibição do princípio de não recusar a entrada, que, se ignorado, pode resultar em consequências trágicas.

No entanto, vale ressaltar que a mera existência desses documentos não é suficiente. A sua implementação e efetividade são frequentemente desafiadas, e a falta de aplicação adequada desses direitos gera crises humanitárias intensas e devastadoras. Um exemplo claro é a recente onda de refugiados sírios, que deixaram seu país em meio a um conflito sangrento. Muitos enfrentam situações de extrema vulnerabilidade em sua jornada, e a resistência de alguns países em oferecer abrigo levou a tragédias que poderiam ter sido evitadas. Isso nos faz questionar: como o Direito Internacional pode evoluir para se adaptar a realidades tão complexas de deslocamento forçado? Quais mecanismos são necessários para garantir que a dignidade e os direitos humanos dos refugiados sejam respeitados?

Essas considerações tornam evidente a necessidade de um enfoque multifacetado e humano. O Direito Internacional deve se ajustar às diversas formas de deslocamento forçado que surgem em resposta a crises globais, como as mudanças climáticas, a perseguição política e as guerras. Somente assim será possível criar um sistema robusto que proteja os direitos dos refugiados de maneira eficaz e prática. É imprescindível que os países adotem uma postura de acolhimento, vendo no refugiado não apenas alguém em situação de vulnerabilidade, mas uma pessoa digna de respeito e proteção. Neste contexto, os operadores do Direito desempenham um papel fundamental, não apenas interpretando a legislação, mas também promovendo uma cultura de empatia e justiça.

À medida que seguimos explorando a intersecção entre o Direito Internacional e os direitos humanos, fica claro que esta é uma jornada que requer não apenas conhecimento técnico, mas também uma profunda compreensão das experiências humanas e suas complexidades. É através dessa lente que podemos refletir sobre o que significa ser um refugiado e como as normas internacionais podem realmente fazer a diferença na vida de pessoas que, muitas vezes, são vistas apenas como números ou estatísticas. Discutir essas questões é essencial para que, coletivamente, possamos criar um futuro mais justo e igualitário, onde todos tenham a oportunidade de viver com dignidade e respeito.

Ao abordar a intersecção entre tratados de direito marítimo e direitos humanos, encontramos um terreno muitas vezes negligenciado, mas que é essencial para a compreensão da proteção dos refugiados durante suas travessias. Quando pensamos em segurança marítima, a imagem que geralmente surge é a de navios de carga atravessando oceanos, ou até mesmo as embarcações luxuosas que cruzam mares tranquilos, mas essa perspectiva ignora a dura realidade de milhares de pessoas que se aventuram por essas águas em busca de uma vida melhor. É preciso lembrar que, por trás das estatísticas, existem vidas, histórias e esperanças.

Os tratados que regulam a segurança marítima estabelecem normas fundamentais, mas muitas vezes, quando se trata da dignidade humana, a letra fria da lei falha. A Convenção das Nações Unidas sobre o Direito do Mar, por exemplo, não só regula as águas internacionais como também define obrigações para os Estados signatários em relação à segurança e direitos dos indivíduos que flotam nessas direções incertas. Entretanto, quando a aplicação desses princípios é deixada de lado, as consequências podem ser devastadoras.

Analisando casos reais, recordo de uma tragédia que se desenrolou no Mediterrâneo, onde uma embarcação superlotada, com crianças, mulheres e homens em busca de segurança, acabou naufragando. A falta de coordenação entre os países em torno das responsabilidades de resgate levou a um resultado chocante e totalmente evitável. Considerar a dignidade dos refugiados nesse contexto é mais do que uma questão legal; é uma questão de humanidade.

Por exemplo, a abordagem dos Estados em relação ao salvamento de vidas no mar muitas vezes se concentra em aspectos técnicos de segurança, como a detecção de embarcações ilegais, e ignora o imperativo moral de proteger os que estão em situação de vulnerabilidade. Essa visão fragmentada resulta em complexas armadilhas legais que perpetuam a falta de proteção e dignidade. E, em muitos casos, isso se transforma na banalização da vida humana, assim como no cotidiano que passamos sem sequer olhar pela janela. Não é exatamente nisso que queremos acreditar.

A responsabilidade de resgatar refugiados não se limita apenas à intervenção imediata, mas é um aprofundamento na compreensão da dignidade humana como um princípio inegociável do direito marítimo. Quando a dignidade é priorizada, operações de resgate tornam-se verdadeiros atos de amor e compaixão. Esses momentos, embora difíceis, têm o potencial de criar laços que vão além da sobrevivência; eles estabelecem um reconhecimento da humanidade compartilhada.

Estudos mostram que operações que priorizam a dignidade dos refugiados tendem a ser mais eficazes e resultam em respostas mais organizadas e solidárias por parte das nações. Em contraste, a negligência a essa dimensão humanitária leva a um ciclo vicioso de exclusão e marginalização. Nessas tragédias, é necessário questionar nossas ações e decisões. Por que não respondemos como deveríamos? Quando permitimos que a burocracia molde nossas respostas, o que estamos sacrificando em nome da ordem?

Essas reflexões nos fazem perceber que a intersecção entre os tratados de direito marítimo e os direitos humanos não é meramente uma questão acadêmica, mas é um chamado à ação.

Cada resolução internacional, cada tratado, carrega a responsabilidade de assegurar que a dignidade humana seja respeitada em todos os momentos, em cada mar trágico e imenso. Dessa forma, qualquer abordagem que ignore esses princípios contribuirá para a erosão dos direitos fundamentais e perpetuará a insegurança não só no mar, mas em toda a sociedade. Precisamos de uma visão que unifique e que inspire uma abordagem mais altruísta, onde a proteção dos refugiados seja vista como um dever coletivo. Ações que sozinhas podem parecer pequenas, mas que, se somadas, se tornam definitivas na construção de um mundo mais justo e humano.

A dignidade humana é um pilar essencial nas operações de resgate. Quando se fala em resgatar refugiados, não se está apenas tratando de um ato físico, mas de um resgate que implica a preservação do respeito à vida e à identidade. Esse princípio muitas vezes é esquecido nas rotinas burocráticas e nas políticas rígidas que, em vez de acolher, marginalizam aqueles que já enfrentaram horrendas adversidades.

Por que a dignidade deve estar no centro dessas ações? Porque cada refugiado tem uma história, uma bagagem emocional e um desejo de ser tratado como ser humano. Ao priorizar a dignidade nos procedimentos de resgate, não apenas se promove uma abordagem mais ética, mas também se estabelece um padrão de humanidade que pode prevenir tragédias. Há relatos comoventes de operações que escolheram acolher e respeitar a integridade dos refugiados, mostrando que é possível, mesmo em meio ao caos, resgatar vidas de forma digna. Nesses casos, as histórias se entrelaçam com as experiências individuais, e isso transforma a simples operação de resgate em um ato de empatia que ecoa na sociedade.

Agora, por outro lado, existem ocasiões em que essa dignidade foi completamente ignorada e os resultados foram desastrosos. Pense em situações em que os refugiados foram tratados como meras estatísticas ou, pior, como obstáculos a serem contornados. É chocante o número de vidas perdidas devido à falta de consideração por direitos básicos, como o acesso à água ou abrigo seguro. Essas falhas revelam não apenas deficiências no sistema, mas uma falha na compreensão mais ampla da natureza humana. O que isso nos ensina? Que operações de resgate não podem ser limitadas a aspectos logísticos, mas devem sempre refletir a urgência de fazer o melhor para aqueles que mais necessitam.

Os profissionais do direito, os operadores que se deparam diariamente com essas questões, carregam uma responsabilidade pesada. Suas decisões impactam diretamente na vida dos que se encontram em estado de vulnerabilidade. Já presenciei situações em que uma palavra dita no momento certo fez toda a diferença para um refugiado. O simples reconhecimento de sua dor e dignidade pode ser transformador. Também, ao contrário, decisões tomadas sem a devida reflexão podem perpetuar ciclos de sofrimento. Esses operadores precisam estar cientes de que sua função vai além da legislação; eles são agentes de transformação social. E, ao navegar por esse caminho, eles se deparam com dilemas morais que exigem uma sensibilidade apurada.

Além disso, refletir sobre esses desafios é fundamental para promover uma mudança significativa. O que se observa nas operações de resgate é um espelho da sociedade; uma sociedade que, às vezes, falha em acolher. O resgate não é apenas uma questão legal, mas uma questão de vida, e é preciso que todos os envolvidos — desde os legisladores até os operadores de campo — reconheçam a complexidade dessa realidade. Citar exemplos de sucessos e falhas é um convite para uma introspecção coletiva: como podemos melhorar? Como podemos garantir que a dignidade não seja uma palavra jogada ao vento, mas um valor fundamental em cada ação?

Por fim, à medida que a conversa sobre refugiados e dignidade continua, é vital que nos lembremos de que a dignidade humana, quando ignorada, resulta em mais do que apenas tragédias. Ela tece as histórias de vidas perdidas e esperanças frustradas. Enquanto isso, cada escolha feita por aqueles que atuam no Direito influencia diretamente na integridade desses indivíduos e em sua capacidade de reconstruir suas vidas. E quem sabe, um dia, possamos olhar para essas operações de resgate e perceber que não eram apenas respostas jurídicas, mas verdadeira humanidade em ação.

A proteção dos direitos humanos é um tema que frequentemente revela as fragilidades da sociedade ao lidar com os refugiados. Quando falamos sobre a marginalização desses indivíduos, é impossível ignorar as consequências devastadoras que surgem da falta de amparo a seus direitos. Imagine um quadro onde um refugiado chega a um novo país, carregado de esperanças e medos, mas logo se vê cercado por barreiras invisíveis que impedem sua integração. Esse cenário é mais comum do que se imagina, e está enraizado nas falhas estruturais dos sistemas de proteção.

Quando os direitos humanos são negligenciados, o resultado é uma cascata de dificuldades. Muitos refugiados enfrentam a exclusão do acesso a serviços básicos, como saúde e educação, o que limita severamente suas oportunidades de reconstruir suas vidas. É como se eles estivessem sutilmente convidados a permanecer à margem, sem perspectivas de futuro. As instituições internacionais, frequentemente vistas como bastiões da defesa dos direitos humanos, também têm suas limitações. Embora muitas vezes ajam em crises, as intervenções humanitárias nem sempre são eficazes. O que vemos, na realidade, é a necessidade de um esforço coletivo mais robusto e harmônico.

Refletir sobre o papel dessas instituições é fundamental. Às vezes, suas respostas são superficiais e não penetram nas raízes do problema. Em situações onde a marginalização é um fator decisivo, a ação humanitária se torna um paliativo, e não uma solução definitiva. O que se espera é que essas entidades não apenas promovam tratamentos superficiais, mas que busquem intervenções que realmente promovam a inclusão e a dignidade dos refugiados.

Um exemplo que perdura na memória coletiva é o de refugiados em campings improvisados. Imagine, então, grupos de pessoas em condições deploráveis, sem acesso a alimentos nutritivos ou assistência médica adequada, enquanto as promessas de ajuda ressoam ao longe, mas não se concretizam. Essa realidade pode parecer distante, mas está à porta de muitas comunidades hoje. As repercussões dessa falta de proteção vão além da sobrevivência diária; elas se propagam em forma de traumas que se perpetuam por gerações.

As políticas públicas precisam ser mais do que meramente reativas. Elas devem incorporar uma visão ampla que garanta não só o socorro imediato, mas também oportunidades de integração e desenvolvimento a longo prazo para os refugiados. É quase como um jogo de xadrez: enquanto algumas jogadas visam apenas vencer uma partida, outras olham para o tabuleiro e pensam nas próximas partidas. Não se trata somente de agir. Trata-se de agir de forma inteligente, adaptando as políticas às necessidades reais dos refugiados.

Em última análise, a questão que ecoa é: como podemos, enquanto sociedade, assegurar que os direitos humanos sejam respeitados e que a dignidade dos refugiados seja sempre uma prioridade? Essa reflexão nos leva a um ponto essencial: a responsabilidade não é apenas das instituições e governantes, mas de cada um de nós. Como cidadãos globais, é nosso dever exigir que os direitos humanos sejam universais e que, independentemente da situação de uma pessoa, eles sejam inalienáveis. Porque, no final das contas, não importa de onde viemos ou para onde vamos, somos todos parte de uma mesma humanidade.

Capítulo 5: Países Signatários e Suas Obrigações

A temática dos países signatários e das obrigações que eles assumem no âmbito internacional, especialmente no que tange à proteção dos refugiados, é amplamente complexa e repleta de nuances. Quando discutimos tratados como a Convenção de 1951 e o Protocolo de 1967, não falamos apenas de documentos; falamos sobre compromissos morais e éticos que moldam o futuro de milhões de vidas.

A Convenção de 1951 surgiu em um contexto histórico marcado por experiências dolorosas da Segunda Guerra Mundial, quando a Europa, em particular, lidava com as consequências devastadoras do deslocamento em massa. O que faz um país determinar que é fundamental ratificar compromissos internacionais? É uma pergunta intrigante e essencial, porque a ratificação não é apenas um ato formal, mas um reconhecimento de responsabilidade. Esses tratados estabeleceram um padrão mínimo de proteção que deveria ser aplicado a todos os refugiados. Contudo, a interpretação e aplicação dessas normas variam de país para país.

Imagine, por exemplo, a situação que muitos países enfrentam ao considerar suas legislações internas. A autonomia para implementar essas normas é um fator essencial, mas também traz à tona uma série de desafios. O que realmente significa ser um "signatário"? Para muitos, é um voto de confiança em um sistema que visa garantir segurança e dignidade. Para outros, é uma referência conveniente que pode facilmente se desviar do caminho prometido. A verdade é que a boa vontade não é suficiente; as nações precisam traduzir esses compromissos em ações concretas.

Essas obrigações vão além de formulários e documentos oficiais. Elas devem se traduzir em políticas eficazes que garantam a segurança e o bem-estar dos refugiados. Ao olharmos para a lista de países que ratificaram esses tratados, encontramos exemplos de nações que fazem um excelente trabalho em acolher refugiados e integrar essas pessoas em suas sociedades, assim como aquelas que demonstram uma resistência alarmante a cumprir essas promessas.

E, enquanto lemos sobre as instituições que promovem essas normas, é impossível não nos perguntarmos: será que a ratificação de um tratado está se tornando apenas uma formalidade? Portanto, refletir sobre isso nos leva a um ponto crucial: a responsabilidade coletiva que temos em garantir que a proteção aos refugiados não seja apenas uma cláusula de um tratado, mas uma realidade palpável na vida dos que buscam abrigo. Afinal, a vida de um refugiado não é apenas uma estatística, mas uma história que clama por reconhecimento e acolhimento.

No final das contas, entendemos que a inclusão e acolhimento de refugiados são tarefas que realçam a humanidade de cada nação signatária. A ratificação das convenções é um passo, mas o verdadeiro teste ocorre nas ruas, nas escolas e nas comunidades onde as vidas dos refugiados se entrelaçam com as das populações locais. Essa conexão é fundamental para que possamos, de fato, superar as barreiras criadas por crises, preconceitos e armadilhas políticas.

A tradução dos princípios dos tratados internacionais em legislações nacionais revela um retrato fascinante da variedade de abordagens adotadas pelos países em relação à proteção dos refugiados. Enquanto alguns Estados se empenham em criar legislações robustas e acolhedoras, outros enfrentam desafios significativos que expõem lacunas no seu compromisso humanitário.

Um exemplo notável é o Brasil, onde a Lei de Refugiados, promulgada em 1997, representa um marco na proteção aos refugiados. O Brasil se destaca não apenas por fornecer a proteção legal necessária, mas também por promover políticas que visam a integração social e econômica desses indivíduos. É impressionante observar como o país, mesmo diante de contextos políticos desafiadores, mantém-se firme na defesa dos direitos dos refugiados. Contudo, essa realidade contrasta fortemente com a situação de algumas nações da Europa, onde a retórica de segurança nacional pode sufocar as obrigações humanitárias. Existem países que, apesar de serem signatários de tratados internacionais, priorizam medidas restritivas que dificultam a entrada e a permanência de refugiados em seu território. O dilema entre a segurança e a acolhida torna-se evidente, levantando perguntas sobre a responsabilidade moral que cada nação tem em relação a essas populações vulneráveis.

Casos de sucesso também são dignos de destaque. Por exemplo, o Canadá tem se destacado mundialmente pela sua abordagem inclusiva em relação aos refugiados. O programa de acolhimento canadense, que combina apoio governamental e a colaboração de organizações locais e da sociedade civil, tem sido um modelo a ser seguido. Histórias de refugiados que reconstruíram suas vidas no Canadá são um testemunho do impacto positivo de políticas bem estruturadas. Uma dessas histórias é a de uma família síria que, após um acolhimento caloroso e assistências diversas, conseguiu não só se estabilizar, mas também contribuir ativamente para a comunidade local. A experiência de superação compartilhada por essa família ressalta o potencial de transformação que um acolhimento adequado pode proporcionar.

Entretanto, ao lançar um olhar mais crítico, é impossível ignorar as falhas que podem surgir na implementação das legislações. Em muitos casos, a falta de recursos e a escassez de vontade política limitam a eficácia das leis existentes. Países que possuem legislações progressistas, mas que falham na execução, acabam por perpetuar situações de vulnerabilidade. Por que, então, esses países não se comprometem mais efetivamente em honrar suas obrigações? A resposta não é simples. Fatores internos, como crises econômicas ou tensões sociopolíticas, podem influenciar decisivamente a capacidade de um governo de acolher e proteger os refugiados. Isso nos leva a refletir sobre a real intenção por trás do ato de ratificar tratados internacionais: seria um compromisso genuíno ou uma mera formalidade?

Além disso, é essencial considerar a influência das percepções públicas e da narrativa midiática sobre os refugiados. Em muitos contextos, estereótipos e preconceitos moldam a resposta dos cidadãos e, consequentemente, a postura dos governantes. Quando a população vê os refugiados como uma ameaça em vez de como indivíduos em busca de segurança e dignidade, o cenário político tende a se tornar mais desafiador para a implementação de políticas eficazes. O que aconteceria se a narrativa fosse ressignificada, focando nas contribuições que os refugiados podem trazer para a sociedade? Essa mudança cultural é tão essencial quanto a criação de legislações.

Portanto, analisando a forma como os países traduzem os princípios de proteção aos refugiados em suas legislações, notamos que a jornada é repleta de nuances. O quadro global é uma tapeçaria de legislações que, enquanto algumas oferecem abrigo e esperança, outras revelam um reflexo mais sombrio de desconfiança e fechamento. Esse dilema exige uma reflexão contínua e um chamado à ação, para que possamos não apenas formalizar compromissos, mas, acima de tudo, humanizá-los. Assim, em última análise, somos todos convidados a contribuir para um mundo onde cada história de refúgio seja tratada com a dignidade e o respeito que merece.

Os desafios enfrentados pelos países na busca por resgatar e integrar refugiados são complexos e variados. A responsabilidade de acolher aqueles que fogem de situações de guerra, opressão ou calamidades naturais é muitas vezes esmagadora. Esses desafios vão desde a escassez de recursos até a falta de infraestrutura adequada, tornando a tarefa ainda mais árdua. Em muitos casos, as nações se deparam com uma maré de preconceitos e receios que, em última análise, dificultam a aceitação e a integração dos refugiados nas comunidades locais.

Tomemos o exemplo do Canadá, um país que se destaca na implementação de políticas de acolhimento. A abordagem canadense é notável, pois não apenas oferece abrigo, mas também se compromete a integrar os refugiados na vida social e econômica do país. Programas de apoio incluem cursos de idioma e formação para o trabalho, além de iniciativas que promovem a diversidade cultural. Há um reconhecimento íntimo de que a integração não é apenas uma responsabilidade legal, mas uma oportunidade de enriquecer o próprio tecido social.

Por outro lado, existem países que, apesar de serem signatários de tratados internacionais, ainda falham em proteger os refugiados. É intrigante notar que, mesmo com legislativas que prometem acolhimento, a realidade pode ser bem diferente. Em algumas nações, a burocracia é um entrave que prolonga processos de solicitação de asilo, enquanto em outras, a escassez de recursos financeiros e humanos dificulta iniciativas de acolhimento. O que leva a esse contraste? Em muitos casos, políticas internas reativas, motivadas por receios políticos ou econômicos, moldam a percepção pública e a disposição de uma sociedade em receber pessoas que estão em busca de recomeços.

Há também aqueles que insistem na segurança nacional como justificativa para barreiras na entrada e integração de refugiados. Essa é uma linha delicada. Enquanto a proteção das fronteiras é uma prioridade para os estados, será que essa proteção não pode ser equilibrada com a garantia dos direitos humanos? Essa questão provoca uma reflexão profunda sobre o que significa realmente ser acolhedor. Afinal, os refugiados não são apenas estatísticas; eles trazem consigo histórias de esperança e resiliência. E ao se fecharem as portas, perde-se não apenas a chance de oferecer um novo lar, mas também a oportunidade de ganhar novos membros valiosos para a sociedade.

Exemplos de boas práticas também são inspiradores. Na Suécia, por exemplo, o país implementou um sistema de acolhimento que permite que refugiados e imigrantes participem ativamente de suas comunidades desde cedo. Projetos em colaboração com ONGs locais e a participação da sociedade civil criam um ambiente mais organizado e acolhedor, que propicia um entendimento mútuo. É impressionante observar como a resposta a uma crise pode ser transformada em uma oportunidade para a reconstrução social, fortalecendo a coesão comunitária.

Entretanto, não se trata apenas de legislar ou criar programas. É essencial cultivar uma mudança cultural que promova a empatia e a solidariedade. Esse é um dos maiores desafios. Em um mundo que frequentemente caracteriza os refugiados como ameaças, é fundamental reverter essa narrativa, mostrando a riqueza que a diversidade traz. É preciso lembrar que cada refugiado tem uma história para contar e, ao ouvir essas histórias, a sociedade pode encontrar maneiras de superar seus próprios preconceitos.

Por fim, refletir sobre esses desafios significa compreender que não há soluções simples. Eles exigem uma abordagem meticulosa que considere as nuances e complexidades das sociedades contemporâneas. Transformar a crise de refugiados em uma oportunidade de crescimento social e cultural é um esforço coletivo que ainda está em andamento. Cada passo já dado em direção ao acolhimento deve ser reconhecido, mas também desafiado a avançar ainda mais. Afinal, o que se coloca em jogo são vidas humanas que merecem dignidade e respeito — um milagre possível, se nos comprometemos a agir com humanidade.

Analisando a influência das políticas internas nas respostas à crise de refugiados, é importante notar que muitos países, enquanto signatários dos tratados internacionais, encontram-se em uma encruzilhada. O panorama político local, cheio de nuances e tensões, molda em grande parte como as nações abordam a questão do acolhimento e proteção a essas populações vulneráveis. Em situações de crise humanitária, as escolhas políticas podem se transformar em decisões de vida ou morte.

A confluência entre fatores políticos, econômicos e sociais redefine constantemente a percepção pública sobre os refugiados. Em muitos casos, a retórica é dominada por narrativas que enfatizam a segurança nacional, criando um ambiente de desconfiança em relação ao outro. Essa desconfiança alimenta preconceitos, foge do entendimento empático e da humanização. O que muitas vezes é esquecido é que, por trás de qualquer estatística, existem histórias. Histórias de perda, de esperança, de busca por um futuro melhor.

Pensemos, por exemplo, no impacto da mídia e das redes sociais. A forma como os refugiados são retratados pode influenciar drasticamente a opinião pública. Uma narrativa que humaniza, que personaliza a experiência, pode instigar empatia. Por outro lado, o discurso que vê os refugiados como uma "ameaça" ou um "fardo" pode desumanizar e polarizar ainda mais a situação. Neste contexto, é crucial considerar como essas narrativas são moldadas e disseminadas. A educação é uma ferramenta poderosa. Uma sociedade bem informada pode desmantelar preconceitos enraizados e construir uma resposta mais acolhedora.

Vamos falar de questões econômicas. O receio de que a entrada de refugiados possa impactar o mercado de trabalho local é uma preocupação comum. Entretanto, estudos têm mostrado que, em muitos casos, os refugiados podem contribuir positivamente, trazendo habilidades, empreendedorismo e diversidade cultural. No entanto, isso só é possível se as políticas internas forem desenhadas para fomentar a inclusão e o acolhimento. A resistência a isso muitas vezes está ligada a pressões políticas que não têm como prioridade o bem-estar dos indivíduos, mas sim o fortalecimento de agendas partidárias.

É desafiador, sem dúvida. Os legisladores enfrentam um dilema íntimo: como equilibrar a segurança pública e as obrigações humanitárias? A resposta não é simples e pode variar de acordo com a conjuntura de cada país. O medo da opinião pública, alimentado por discursos polarizadores, pode levar a decisões que culminam na negligência dessas obrigações. Isso resulta em crises humanitárias que poderiam ser evitadas. Quando uma nação decide fechar suas portas, mais do que negar abrigo, ela se despede de experiências que poderiam enriquecer tanto os que chegam quanto aqueles que estão ali.

A verdade é que uma mudança cultural é necessária. Não basta apenas a legislação, mas sim uma transformação na maneira como se vê o outro. A empatia deve ser cultivada como parte do tecido social. Quando a sociedade é capaz de enxergar no refugiado não apenas um número, mas um ser humano com uma história, o acolhimento se torna quase um reflexo natural da nossa humanidade. O que podemos fazer para promover essa empatia? O papel da comunidade é essencial. Iniciativas de integração, diálogos abertos e espaços que favoreçam a troca de experiências podem contribuir para construir essas pontes.

Em momentos de crise, é fundamental lembrar que cada decisão ressoa em vidas reais, que existem famílias, sorrisos e lágrimas. Continuar a promover ações que humanizam a discussão sobre refugiados não é apenas um dever moral, mas um compromisso com a dignidade humana. Que possamos nos lembrar disso sempre que falarmos do outro, do que está em busca de um novo lar, de uma nova esperança. É preciso agir, individual e coletivamente, para fazer a diferença, para que todos tenham um lugar ao sol.

Capítulo 6: Desafios e violações no mar

A travessia marítima é uma das etapas mais sombrias e perigosas que os refugiados enfrentam em busca de um futuro seguro. Esses mares, que deveriam ser caminhos de vida e esperança, transformam-se em cenários de incerteza e desolação. É como se a imensidão do oceano levasse consigo não apenas as embarcações frágeis, mas os sonhos, as promessas de vida, e toda a humanidade daqueles que nele se aventuram.

As condições nos barcos de refugiados são desumanas. Imagine uma embarcação improvisada, muitas vezes sem a mínima estrutura de segurança, abarrotada de pessoas que dão seu último suspiro de esperança. A superlotação é apenas um dos aspectos horrendos. Famílias inteiras, crianças, mães carregando bebês no colo, todos espremidos em um espaço que mal permite respirar. A sensação de claustrofobia se mistura ao medo constante de que o pouco que resta em termos de energia e resistência possa se esvair a qualquer momento.

Falta tudo: alimentos, água potável, e até mesmo a dignidade. O cheiro da agonia e do sofrimento permanece no ar, permeando o ambiente, como o sal que vem das ondas quebrando ao redor. É uma esperança que se despedaça a cada onda que balança o barco, cada gota de água que respinga no rosto, lembrando-os da fragilidade de suas vidas. Como se não bastasse, o tempo se torna um inimigo implacável. O sol escaldante queima a pele, enquanto a falta de água transforma o consumo em uma necessidade desesperadora.

Histórias que brotam dessa luta são impressionantes. Lembro-me da história de uma mulher que relatou a experiência de ver seu filho de cinco anos dormir em seu colo, o rosto marcado pelo cansaço e pela fome, enquanto a turbulência do mar a via desmoronar. O silêncio ao redor era ensurdecedor, interrompido apenas pelo choro de outras crianças e o sussurro de orações quase sufocadas. Outra história é a de um homem que, após dias sem conseguir se hidratar, decidiu pular no mar, movido pela urgência de buscar algo... qualquer coisa, mesmo que fosse a morte. O desespero nessas águas é como um monstro que devora a esperança, mostrando que cada minuto é uma batalha entre a vida e a inevitabilidade de um destino desconhecido.

Quando olhamos para esses relatos, ficamos sem palavras. O peso da realidade se torna quase insuportável: sobrevivência não é um ato simples, mas um teste de resistência que desafia o corpo e o espírito. Os olhos que antes brilhavam de esperança agora estão opacos. A travessia, longe de ser um mero deslocamento geográfico, é uma jornada pela própria dignidade, onde cada um carrega não apenas suas posses, mas suas histórias, suas famílias, sua essência. O mar, que deveria ser um teste de bravura, transforma-se em um palco de horrores, mas também em um espaço de resiliência e coragem onde sonhos se entrelaçam e se perdem no horizonte. É, de fato, uma travessia marcada pela luta incessante entre o desejo de fugir da dor e a busca por um amanhã melhor.

A experiência de milhares de refugiados no mar é marcada por um intenso e cruel ciclo de negligência. O que deveria ser uma travessia em busca de segurança transforma-se em um labirinto de desamparo e barragens invisíveis. Quando se observa um navio de resgate aceitando passageiros em perigo, a pergunta que ecoa nas mentes aflitas é: quem estará ouvindo? O silêncio das autoridades marítimas é ensurdecedor, pois escutam os gritos de socorro e ainda assim não agem. Muitas vezes, as embarcações que naufragaram não são apenas um triste reflexo de condições adversas; são sinônimos de vidas descartadas e esperanças arruinadas.

Relatos de grupos de refugiados que esperam dias a fio em águas infestadas, apenas para ouvirem os motores afastando-se sem prestar socorro, são alarmantes. Indivíduos, que têm a coragem de navegar por mares traiçoeiros, se deparam com a frustração de não serem vistos ou ouvidos, como se não fossem dignos de atenção. Uma mulher já testemunhou a cena agonizante de um homem implorando por ajuda enquanto sua criança à deriva, prestes a se afogar. Essas histórias, muitas vezes silenciosas, são a verdade que grita pelas costas das nações.

Mas a negligência não se limita ao silêncio. Ela se desdobra em uma penalização surpreendente dos esforços humanitários. Quando ONGs e voluntários se lançam ao mar, enfrentando perigos incomensuráveis para salvar vidas, frequentemente são recebidos não com gratidão, mas com leis que criminalizam essas ações. A linha tênue entre a humanidade e a legalidade é um campo minado de dilemas éticos e morais. O que é mais importante: salvar uma vida ou seguir às riscas um protocolo? A resposta é tão debatida que chega a ser desconcertante. Não é raro que aqueles que buscam ajudar sejam acusados de facilitar a imigração ilegal, colocando o altruísmo em posição de defesa. Quantas vidas são desconsideradas em nome da burocracia?

As autoridades muitas vezes afirmam que suas ações se baseiam em proteção e segurança. No entanto, quando a política falha, a responsabilidade desaparece como a espuma das ondas, deixando apenas destroços de um sistema que deveria ser capaz de acolher. As vidas que se perdem no mar são estatísticas em um jogo político maior, onde as promessas de proteção são frequentemente cuspidas ao vento.

Essa situação se agrava com a polarização das opiniões públicas, frequentemente alimentadas por narrativas distorcidas e estigmas profundos. A visão de um refugiado se torna caricaturada, alimentando uma cultura de medo e desconfiança. Quando a transformação de humanidade em número e problema é feita, as histórias individuais quase se dissipam. Um homem que se aventura em uma fragilidade extrema é, para muitos, apenas um ícone da crise.

E o cerne da questão se torna ainda mais complexo quando a discussão se volta para a responsabilidade internacional. A falta de ação não se limita a um só país ou região — é um fracasso coletivo da comunidade global. Em meio a esta deixar ficar, a indiferença parece se instalar como uma norma aceitável. O que se precisa, com urgência e clareza, é um comprometimento definido de todos os estados. Se não houver um sistema coeso de resgate que priorize os direitos humanos, o mar não se tornará apenas o palco de tragédias; poderá se converter em um abismo de desesperança irreversível.

Voltemos nossa atenção para o papel da sociedade civil. Quando fotografias impactantes e vídeos detalham essas realidades, um chamado surge. É fundamental refletir sobre o que cada um pode fazer dentro de suas próprias capacidades. Cada ato, por menor que seja, tem potencial para formar ondas de mudança. Devemos juntar esforços, unir vozes em um clamor coletivo que não ignore a dor alheia. Além de fazer ecoar as histórias de quem realmente viveu esses horrores, há necessidade de pressão nas estruturas que governam como o mundo trata seus mais vulneráveis. A busca por sistemas mais humanos e responsivos é não apenas uma expectativa, mas uma obrigação de cada um que se considera parte da humanidade.

As organizações não governamentais e os grupos de voluntários desempenham um papel crucial em meio ao desespero e à luta pela vida no mar. São elas que, armadas com coragem e compaixão, se atrevem a desafiar o abismo da indiferença existente nas políticas de fronteira. Quando os barcos de refugiados se tornam caixões flutuantes, é essa rede humanitária que se mobiliza para evitar o desastre, mesmo que a cada resgate se tenha a sensação de um passo adiante em meio a um mar de dificuldades.

Certa vez, uma voluntária chamada Ana se viu em uma situação angustiante ao ouvir um sobressalto em meio ao silêncio da noite. Era a sirene de um barco de resgate, ecoando pela costa, um som reconfortante que mais parecia um grito de socorro e esperança ao mesmo tempo. Com seus companheiros, havia dias que ela percorria as águas à espreita de embarcações em perigo. A adrenalina corria em suas veias enquanto imaginava se, desta vez, iriam lograr êxito em salvar alguém. Na maioria das vezes, a barreira entre a vida e a morte é apenas uma questão de minutos. Assim, cada operação torna-se uma dança entre a vida e a lei, onde as intenções altruístas enfrentam empecilhos impostos por sistemas que frequentemente falham em compreender a urgência do momento.

Entretanto, a resistência das organizações civis vai mais além. Elas se tornam as vozes de quem não tem voz, desafiando uma narrativa moldada pela frieza de estatísticas e dados. Relatos impactantes frequentemente surgem. Um membro de uma ONG destacou que durante uma missão, enfrentaram a tempestade de críticas não apenas pelo que faziam, mas pela forma como faziam: enquanto tentavam salvar vidas, eram atacados por governos que viam suas ações como um risco à soberania. Esse era um paradoxo assustador: salvar vidas se tornava um crime, enquanto a omissão era ignorada, tais empreendimentos muitas vezes rotulados como "ilegais".

Por outro lado, é necessário refletir sobre a potência da cobertura midiática na luta pelos refugiados. Neste mundo conectado, uma imagem vale mais que mil palavras, e uma foto de um resgate pode mudar toda a linha de pensamento da opinião pública. No entanto, essa atenção é efêmera. O que começa como um clamor por mudança rapidamente se dissolve sob a pressão da rotina diária e do consumo da informação. O desafio, assim, não é apenas resgatar vidas, mas também assegurar que essas vidas continuem sendo parte da narrativa, que seus rostos não sejam esquecidos assim que a luz das câmeras se apaga.

As histórias que estão nas entrelinhas são onde reside a verdadeira resistência. O papel da sociedade civil não é apenas apoiar as ações sociais, mas também educar e sensibilizar. Movimentos surgem, protestos se organizam e cada grito coletivo se torna um antídoto contra a apatia. Quando as pessoas se unem para exigir mudanças, a pressão se torna imensa. Afinal, é inegável que a responsabilidade está nas mãos de todos nós. E, intrinsecamente, esse fortalecimento não é apenas local; ele ressoa em nível internacional, exigindo que lideranças e governantes honrarem compromissos e estabeleçam a dignidade humana.

É um ciclo complicado, onde cada ação gera reações. Porém, ao mesmo tempo em que as vozes humanitárias clamam por mudanças, muitos questionam: como assegurar que essa luta continue perecendo em meio a disputas políticas? Uma interação complexa que precisa ser constantemente revisitada e que deve desafiar a inércia das burocracias e a apatia das grandes potências. Se o compromisso internacional com os direitos humanos é uma realidade, é preciso torná-lo palpável e não apenas palavras em uma convenção. Aqueles que se encontram em tempos de tormenta no mar estão esperando por mudança, uma mudança que deve ser definitiva e que não permita que vidas se percam nas ondas da indiferença.

Refletir sobre as obrigações dos estados em relação aos refugiados é um convite a uma análise profunda das normas do direito internacional, que, à primeira vista, parecem robustas. Contudo, ao olhar mais atentamente, percebemos que há uma lacuna flagrante entre a teoria e a prática. A urgência de um sistema de resgate eficaz é inegável; um sistema que não apenas exista em papéis, mas que seja vivido, sentido e aplicado com humanidade.

Quantas vidas foram perdidas em meio à inércia de governos que se escondem por detrás de protocolos rígidos, desumanizantes? Será que não está na hora de reavaliar esses protocolos, questionar a adequação das ações que tomamos — ou a falta delas? Precisamos pensar na dignidade humana, que não pode ser objeto de debate político ou de manobras diplomáticas. Quando falamos de pessoas que perderam tudo, a resposta deve ser tão imediata quanto sensível.

É absurdo constatar que a proteção mínima esperada não é uma realidade. Ao lembrar de situações em que embarcações repletas de pessoas em busca de alívio e esperança foram deixadas à mercê da sorte, sinto uma indignação intensa. Como podemos aceitar que, em nome de estratégias políticas, vidas sejam ignoradas? É um reflexo não apenas da falta de ação, mas da falência moral de um sistema que deveria priorizar quem está em risco extremo.

A responsabilização é um ponto crucial. Podem os estados ignorar a convenção de direitos humanos, sabendo que sua obrigação é proteger aqueles que buscam um lugar seguro? A visão de comunidades inteiras se debatendo em busca de abrigo, mergulhadas em incerteza, deveria ecoar em nosso âmago. E quando nos deparamos com essa realidade, a pergunta se impõe: diante de quantas vidas se avalia o custo de uma política pública?

As vozes do desejo de mudança precisam ser mais fortes. Muitas vezes, enquanto as violações dos direitos humanos se desenrolam no mar, a sociedade civil se coloca em ação, enfrentando os dias e noites em busca de soluções, com a bravura de quem sabe que a verdadeira humanidade está nas pequenas, mas profundas ações do cotidiano. Essas iniciativas trazem a esperança que é tão necessária, e, ao mesmo tempo, lamentamos que a justiça não retorne com a mesma intensidade. A cobertura midiática, com suas imagens impactantes e suas narrativas emocionais, tem o poder de moldar a opinião pública. Ao retratar essas realidades, ela gera não apenas impacto, mas provoca um chamado à ação coletiva, uma demanda por mudanças significativas.

Esse panorama deve abrir nossos olhos para um novo compromisso. Se a conscientização sobre os direitos dos refugiados crescer, haverá uma possibilidade, talvez, de que as políticas públicas também se transformem. As vozes da sociedade civil não devem ser silenciadas, e a plebe deve exigir mais do que um mero reconhecimento; é preciso se manifestar em prol de legislações e práticas que garantam a segurança e dignidade de todos, independentemente de origem ou contexto.

Ao encerrar essa reflexão, é necessário questionar: a responsabilidade que temos em acolher e proteger aqueles que mais precisam é inteiramente nossa? Precisamos unir esforços, exigir que os governos assumam suas obrigações e, assim, transformar a crítica em ação. Que cada história dolorosa que conhecemos possa se converter em um impulso à mudança, e que o mar, que atualmente simboliza desespero e tragédia, possa um dia ser visto como um espaço de acolhimento e esperança.

Capítulo 7: Naufrágios de Refugiados: Tragédias do Mar

Nos últimos dez anos, o mar se tornou um local de esperança e desespero para milhares de refugiados. Entre ondas inesperadas e relatos de sobrevivência, algumas histórias ficaram gravadas na memória coletiva da humanidade. Vamos explorar alguns dos naufrágios mais significativos que marcaram esse período, trazendo não apenas dados e datas, mas também a essência das experiências humanas que se escondem atrás dessas tragédias marítimas.

Um dos casos mais emblemáticos ocorreu em abril de 2015, quando uma embarcação superlotada afundou ao largo da costa da Líbia, levando a vida de mais de 800 pessoas em um único dia. As informações alarmantes sobre o incidente que replantaram as manchetes nos dias seguintes trouxeram ao mundo a imagem de um barco pequeno, abarrotado de indivíduos que mal conseguiam se manter em pé, implorando por uma chance de segurança. Entre os sobreviventes, havia uma jovem mãe que, no desespero, perdeu a visão de seus filhos durante a fugaz caminhada para o barco; a dor de seu relato é um testemunho do que significa ser forçado a deixar tudo para trás.

Em outra ocasião, em 2021, um naufrágio no Mediterrâneo fez com que a já tensa situação dos refugiados ganhasse novos contornos. Nessa tragédia, cerca de 40 pessoas se afogaram e as imagens da busca interminável por sobreviventes ressoam em todo o mundo. A brisa fria e úmida que soprava do mar parecia um eco do desespero que os cercava. Testemunhas relataram cenas de caos e indignação, e a calma que precedeu o naufrágio se transformou em um turbilhão de desespero e tristeza. Entre as vozes que clamavam por ajuda, havia a de um adolescente que sonhava em encontrar seu primo na Europa, um destino que acabou se transformando em um pesadelo.

Não podemos esquecer do mais recente naufrágio ocorrido em 2023, na costa das ilhas Canárias, onde uma pequena embarcação, marcada pela fragilidade e esperanças, virou em meio à tempestade. Os sobreviventes contaram como se agarraram uns aos outros, flutuando na escuridão, compartilhando a confecção de sonhos em meio à destruição, uma rotina que se desfez em um instante. Um dos homens resgatados, já em segurança, enfatizou como a experiência da tragédia o fez perceber o valor da vida, refletindo sobre o amor que deixou para trás.

Essas histórias são apenas fragmentos do que ocorre em um mar que, por vezes, é um lugar de paz e, em outras, um cemitério de esperanças afundadas. As estatísticas que envolvem os naufrágios são impressionantes em suas frieza, mas atrás delas estão vidas – sons de risadas, murmúrios de histórias de família e desejos não realizados. Elas nos levam a pensar: quantas vidas poderiam ter sido salvas com uma decisão diferente? Essa reflexão se impõe, não apenas como uma mera constatação, mas como um chamado à ação e à compreensão de que, em vez de assistirmos à repetição desse ciclo devastador, precisamos buscar soluções mais humanas e justas. O que podemos aprender com essas tragédias? A resposta não está apenas nas estatísticas, mas nas narrativas humanas que nos incomodam e, quem sabe, nos movem a agir.

O impacto que os naufrágios de refugiados têm nas políticas internacionais e na opinião pública é profundo e muitas vezes transformador. Quando um novo episódio trágico chega às manchetes, não são apenas números que surgem. Cada embarcação perdida é carregada de histórias de vidas interrompidas, esperanças despedaçadas e comunidades devastadas. Neste contexto, as reações das sociedades e dos governos revelam muito sobre a nossa humanidade coletiva.

Lembro de um caso emblemático que ocorreu no Mediterrâneo em 2015. Uma embarcação superlotada afundou, resultando na morte de centenas. As imagens e relatos foram um verdadeiro choque ao redor do mundo. Repentinamente, a conversa sobre imigração se intensificou; muitas pessoas estavam discutindo nas redes sociais, algumas compartilhando o que podiam – Posts de solidariedade, campanhas para levantar fundos, e muita gente se mobilizando para apoiar organizações que ajudam refugiados. Naquele momento, tornou-se evidente o poder das mídias sociais em moldar a narrativa pública, fazendo com que a crise dos refugiados não pudesse mais ser ignorada.

As reações dos governos foram diversas. Em alguns países, houve uma onda de compaixão que resultou em políticas mais abertas e acolhedoras. A Alemanha, por exemplo, anunciou em 2015 que estaria disposta a aceitar um número significativo de refugiados. Esse gesto foi, sem dúvida, criticado por muitos, mas também se tornou um símbolo de esperança para aqueles que estavam fugindo de situações onde a vida não tinha valor. Porém, em outras partes, a resposta foi de endurecimento das fronteiras, com argumentos baseados no medo e na segurança nacional, criando um paradoxo. Enquanto uns impulsionam políticas de acolhimento, outros se fechavam em uma espiral de resistência.

Como os eventos se desenrolaram, a percepção pública sobre a crise dos refugiados começou a mudar de maneira sutil, mas impressionante. A narrativa, que antes girava em torno do "outro", foi se humanizando. As histórias daqueles que estavam arriscando tudo para buscar segurança e uma vida melhor começaram a tomar o centro do palco. Fatores como a escassez de notícias sobre o próprio suporte à crise faziam com que muitos conseguissem ignorar a gravidade do problema. Gerar empatia se tornou essencial. Por exemplo, um vídeo circulou amplamente mostrando uma mãe segurando seu filho em uma balsa, o rosto marcado pela preocupação e apesar de tudo, um vislumbre de esperança nos olhos. Essas imagens têm o poder de cortar a distância que frequentemente criamos ao lidarmos com questões que parecem distantes.

Mas a relação entre a tragédia e as mudanças de políticas não se esgotou na compaixão. O que mais vimos foi um jogo complexo onde a empatia muitas vezes colidia com o nacionalismo e o medo. Conflitos internos nas sociedades emergiram, com debates efervescentes entre aqueles que plenos de solidariedade insistiam em que todos tinham direito a uma vida digna, e aqueles que viam a entrada de refugiados como uma ameaça.

Quantas vezes você já parou para pensar em como essas histórias se conectam de forma mais ampla? Às vezes, o que parece ser um debate meramente político tem raízes muito mais profundas em questões sociais, econômicas e históricas que moldam nossas sociedades. Mas uma coisa ficou clara: os naufrágios forçaram uma escolha, não apenas para os líderes e tomadores de decisão, mas para nós, como sociedade. Como decidir o que é melhor e mais humano? Essa é uma pergunta que não encontra resposta fácil.

Analisando os efeitos de longo prazo, as políticas de acolhimento mudaram gradualmente. Países que antes eram avessos à ideia de hostilidade em relação aos imigrantes começaram a revisar suas posturas, e novas legislações emergiram como resultado das pressões sociais. Do outro lado da moeda, no entanto, podemos perceber que existem legislações severas, que surgem em resposta ao medo criado em torno das crises migratórias. Essas leis muitas vezes ignoram o simples fato de que em cada estatística apresentada, existem vidas.

Assim, a dualidade entre compaixão e resistência não é um dilema novo, mas destaca a necessidade urgente de uma abordagem mais humana para a migração, que seja baseada em princípios de dignidade e direitos humanos. O que resta é a pergunta provocante de até que ponto estamos dispostos a ceder e agir em favor da compaixão. Afinal, a história já nos mostrou que a indiferença, mesmo que silenciada, também tem suas consequências. Ao olharmos para o futuro, é um convite a refletir sobre o que podemos fazer individualmente e coletivamente para que o próximo naufrágio não seja uma manchete dolorosa, mas sim o começo de uma nova era de entendimento e acolhimento.

A resposta da comunidade internacional aos naufrágios de refugiados é um tema complexo e carregado de nuances, onde se pode observar tanto a mobilização em momentos de crise quanto a inércia em outras situações. Examinando os casos que discutimos, é evidente que algumas medidas foram adotadas rapidamente, mas isso nem sempre foi suficiente. Vamos nos aprofundar em como diferentes organizações e países reagiram diante das tragédias que tiveram repercussão global.

Ao falarmos da ACNUR, por exemplo, é fundamental destacar como a instituição se tornou uma referência na promoção dos direitos dos refugiados. Em momentos críticos, a ACNURatuou com coragem, organizando operações de resgate e buscando abrigo para aqueles que conseguiram sobreviver às águas turbulentas. Contudo, também é preciso questionar se essas ações foram ágeis o suficiente. Um estudo de caso que demonstra essa tensão é o naufrágio em Lampedusa, em 2013. Após a tragédia que ceifou a vida de centenas de pessoas, houve uma pressão internacional para que a Europa reforçasse suas operações de resgate. Essa reação imediata foi um passo positivo, mas surge a indagação: o que poderia ter sido feito antes para evitar que tantas vidas se perdessem?

A mobilização da sociedade civil também merece destaque. Organizações não governamentais, voluntários e até mesmo cidadãos comuns se uniram para prestar apoio às vítimas e pressionar seus governos. No entanto, é irônico pensar que a compaixão mobilizada por meio de hashtags e campanhas nas redes sociais nem sempre se traduziu em políticas eficazes. Em um cenário onde as mensagens de solidariedade proliferam, fica a dúvida: as ações concretas acompanharam essa onda de empatia?

Por outro lado, temos que considerar a abordagem ambivalente que alguns países adotaram. Enquanto em determinadas nações a resposta incluiu iniciativas de acolhimento e a criação de programas destinados a facilitar a integração dos refugiados, outras simplesmente se fecharam, agravando a crise. Essa disparidade nas reações evidencia um dilema ético que permeia discussões sobre imigração: até que ponto estamos dispostos a abrir nossas fronteiras? A cobertura midiática desempenhou um papel crucial aqui, moldando a percepção do público sobre a crise. A forma como os naufrágios foram noticiados impactou as reações das autoridades políticas e, consequentemente, a criação de políticas públicas.

Ao aprofundar-se na resposta internacional, fica claro que as ações foram muitas vezes reativas, mais do que preventivas. A história nos oferece ensinamentos valiosos, mas a pergunta angustiante que permanece é se estamos realmente prontos para aprender com essas lições. Para que possamos avançar de forma a evitar que novas tragédias se repitam, é essencial que haja um comprometimento genuíno e uma visão compartilhada entre nações, redes sociais e cidadãos. O que fica no ar, quase como um sussurro insistente, é: como podemos transformar essa responsabilidade coletiva em ações concretas?

Em meio a esse emaranhado de desafios, é vital lembrar que estamos todos interligados. O destino de um refugiado é, de certa forma, um pedaço do nosso próprio destino. Ao considerarmos o que se passou e o que pode ser feito a seguir, somos confrontados com a responsabilidade de agir, não apenas por aqueles que partiram, mas pela humanidade que todos compartilhamos.

Essas tragédias, marcadas pela dor e pela perda, nos oferecem uma chance singular de refletir sobre o que realmente significa acolher o outro. A humanidade que enxergamos nas histórias de sobreviventes e no clamor daqueles que perderam tudo, inclusive seus entes queridos, nos leva a pensar em como a sociedade pode responder de forma mais efetiva, visando a prevenção de futuros naufrágios. A ideia de que um barco, uma simples embarcação, pode se tornar um símbolo de esperança ou desespero é profundamente impactante. Lembro-me de uma reportagem que assisti há tempos, em que uma mulher, após perder suas crianças no mar, dedicou sua vida à advocacia em prol dos direitos dos refugiados. Seu relato não apenas ecoou a dor, mas também uma determinação impressionante. Como ela, muitas outras vozes emergem, e seus testemunhos precisam ser ouvidos.

Para que tragédias semelhantes sejam evitadas, é essencial que as políticas de migração se tornem mais humanas e eficazes. O diálogo entre nações é crucial, mas precisamos lembrar que essas discussões não devem acontecer apenas em mesas de negociações, mas também nas comunidades que recebem os refugiados. As cidades e vilas que se abrem para acolher esses indivíduos têm o poder de transformar a experiência de uma vida fugindo de conflitos em uma oportunidade de recomeço. Um exemplo que me vem à mente é uma pequena aldeia no interior da Europa, onde habitantes decidiram organizar jantares comunitários para conhecer e integrar os novos residentes. Essa iniciativa simples, e ao mesmo tempo extraordinária, mostrou como o calor humano tem o poder de reconstruir destroços.

Entretanto, não podemos nos enganar. A conscientização e o envolvimento da sociedade civil são passos fundamentais, mas não suficientes por si só. É preciso pressionar os governos a adotar posturas mais sensíveis em relação às políticas de migração. O péssimo estado de refúgio em centros de acolhimento, com falta de alimentação adequada e cuidados básicos, é uma realidade que não podemos nos dar ao luxo de ignorar. A sensação de impotência que muitos sentem em relação a essas questões faz parte da verdade inquietante de nossa era atual. Somos bombardeados por notícias de naufrágios e tragédias, mas o que estamos fazendo a respeito? E aqui, me permito fazer uma pausa... É essencial que cada um de nós reflita sobre nosso papel nesse contexto. O que podemos fazer para transformar essa narrativa, para mudar o destino de uma vida, de uma família?

As lições que extraímos das histórias de naufrágios e do sofrimento humano tornam-se um imperativo moral. Precisamos encontrar formas concretas de intervenção. Uma delas é o fortalecimento de organizações locais que trabalham com refugiados. Pequenas ações, como doações de roupas, alimentos ou mesmo voluntariado, podem ter um impacto massivo. Mas existe algo ainda mais profundo: desenvolver uma cultura de empatia e solidariedade em toda a sociedade. Isso envolve educar nossas crianças para compreender que todo ser humano, independentemente da sua origem, merece dignidade e respeito. E, ao fazermos isso, estamos construindo uma ponte que conecta histórias aparentemente distantes, unindo vidas que, de outra forma, poderiam continuar a ser vistas apenas como números em uma estatística cruel.

Quando imaginamos um futuro sem naufrágios, onde as pessoas podem migrar com segurança e respeito, somos desafiados a participar ativamente dessa transformação. Não podemos esperar que outros façam isso por nós. Precisamos ser os agentes de mudança, e isso começa com um simples gesto — uma palavra de acolhimento, um abraço sincero, uma oportunidade oferecida. Ah, e não posso deixar de lembrar de um relato que me tocou profundamente: um grupo de jovens decidiu construir um abrigo temporário para refugiados em sua cidade. Em meio à dor e ao caos, eles conseguiram criar um espaço cheio de esperança e alegria. Às vezes, essas ações parecem pequenas demais diante da magnitude dos problemas, mas, de certa forma, cada passo conta, cada pequeno gesto de amor tem um significado gigante.

A nossa responsabilidade coletiva é imensa. Olhando para trás, para os naufrágios que discutimos, a pergunta ainda paira no ar: "O que mais podemos fazer?" É uma questão que não deve ser respondida apenas com palavras, mas com ações que levem à concretização de uma sociedade mais justa. Que possamos aprender com essas experiências, permitindo que elas nos inspirem a mover montanhas, sempre em nome da dignidade humana. Afinal, o que está em jogo são vidas, histórias e sonhos. Podemos fazer a diferença. Vamos todos juntos buscar maneiras de mudar essa narrativa, para que as águas que antes trouxeram tragédia se tornem, um dia, símbolo de esperança e recomeço.

Capítulo 8: O papel dos estados de origem

A responsabilidade que os estados de origem assumem em relação aos seus cidadãos é complexa, mas fundamental. Quando falamos sobre a vida das pessoas que buscam refúgio em outras nações, é imprescindível refletir sobre como as decisões governamentais impactam diretamente a realidade dessas populações. A fiscalização adequada por parte do governo é uma das chaves para garantir direitos fundamentais. Infelizmente, a inação ou a corrupção muitas vezes prevalece, transformando o cotidiano de milhões em um verdadeiro labirinto de dificuldades.

Pense em um jovem que sonha em construir sua vida em sua cidade natal. Ele talvez tenha uma ideia brilhante e uma vontade inabalável de empreender. Contudo, e se as políticas econômicas forem tão sufocantes que essa ideia jamais possa ser posta em prática? E se houver um histórico de desconfiança entre o governo e os cidadãos, onde as promessas de apoio se transformam em ecos vazios? O resultado é claro: a busca por novos horizontes.

É possível que você já tenha ouvido histórias sobre pessoas que deixaram tudo para trás. Certa vez, conheci um homem que viveu essa realidade. Natural de um país em conflito, ele falava do medo constante. "Cada dia era um desafio", ele me disse. Suas memórias estavam carregadas de tensão, e sua decisão de sair não foi impulsiva. Ela foi motivada por uma necessidade vital de se proteger e proteger sua família. Infelizmente, o governo dele, que deveria garantir a segurança e a dignidade, falhou em suas responsabilidades. Essa é a realidade de muitos: um sistema que não protege, não escuta e, em muitos casos, deixa à deriva seus cidadãos.

Mandatos governamentais não se concretizam apenas em leis; eles precisam se traduzir em ações. Uma fiscalização efetiva garante que os direitos estejam protegidos e que haja respeito e dignidade para todos. Se um governo negligencia essa responsabilidade, as consequências caem diretamente sobre os cidadãos. As comunidades se tornam vulneráveis, os conflitos se agravam e a desesperança se estabelece. É como um ciclo vicioso onde, quanto mais se ignora, mas se amplia a fissura que leva ao deslocamento.

E, por falar em fissuras, não podemos esquecer da importância da transparência. Um governo que comunica e dialoga com seu povo cria um ambiente de confiança. É essencial que as populações sintam que têm voz, uma sensação de pertencimento ao seu próprio país. O que muitos não percebem é que a inação do governo não apenas força as pessoas a procurar refúgio em terras desconhecidas, mas transforma essas nações em cenários de tragédias humanitárias.

O papel do estado de origem, portanto, é muito mais do que um conceito abstrato. Ele é uma responsabilidade palpável, que exige compaixão e ação. Quando as lideranças se afastam de suas obrigações, as pessoas não têm outra opção senão buscar uma nova vida, frequentemente em circunstâncias difíceis e perigosas. É preciso um comprometimento genuíno para que, em vez de formar expatriados forçados, os cidadãos possam prosperar em suas terras natais, construindo um futuro vibrante e seguro.

As causas que levam ao deslocamento forçado são múltiplas e complexas, envolvendo um intrincado entrelaçamento de fatores que muitas vezes se retroalimentam. Quando falamos de conflitos armados, por exemplo, não estamos apenas nos referindo à presença de guerras entre nações, mas também a batalhas internas, disputas sectárias e a luta por territórios ou recursos. Cidadãos que deveriam desfrutar de uma vida digna e segura se veem à mercê de estruturas de poder que não protegem, mas ameaçam sua existência. É impactante imaginar um cotidiano onde a rotina é interrompida por tiroteios e bombardeios, transformando cada passo em um ato de coragem. Um amigo meu, que viveu essa realidade, costumava contar sobre os dias em que as sirenes ecoavam pela cidade, e ele e sua família se escondiam em porões ou atrás de qualquer abrigo improvisado. Ele falava com um brilho nos olhos, quase como se revivesse aquele terror, mas também a determinante necessidade de sobreviver.

As crises políticas, por sua vez, muitas vezes surgem como consequência das ações irresponsáveis de governantes que priorizam seus interesses pessoais ou políticos em detrimento do bem-estar da população. O desmantelamento de instituições democráticas causa receio e desconfiança e, em muitos casos, leva ao exílio de cidadãos que não só desejam garantir sua segurança, mas também a liberdade de expressão. E quem poderia esquecer a história daquela jovem ativista que, após ver seus amigos serem presos injustamente por se manifestarem, decidiu deixar tudo para trás? A decisão de deixar sua terra natal foi dolorosa e repleta de insegurança; ela sentiu que não havia outra escolha, mas o desespero a acompanhou na jornada.

É crucial não ignorar as instabilidades econômicas que afetam a vida do povo. Em condições de crise, alimentos e recursos se tornam escassos, enquanto a pobreza se torna a bandeira de sociedades que já enfrentavam dificuldades. A luta diária para colocar comida na mesa pode se tornar um fator decisivo que empurra famílias inteiras a buscar novos horizontes, onde esperam encontrar alguma esperança de um futuro melhor. Lembro-me de escutar sobre uma família que, após meses de desemprego e dívidas crescentes, tomou a difícil decisão de deixar tudo para trás em busca de oportunidades. O desespero se tornara uma realidade palpável, e a coragem deles em ultrapassar fronteiras era, ao mesmo tempo, triste e inspiradora.

As tensões internas e externas criam um ambiente insustentável, onde os cidadãos são as primeiras vítimas. O ciclo do deslocamento, portanto, é uma consequência trágica de uma série de falhas, que vai além das necessidades básicas de segurança e sobrevivência. O que parece ser uma busca por melhores condições de vida é, na verdade, a busca desesperada por dignidade. Estar em uma nova terra muitas vezes resulta em um misto de esperança e nostalgia por um lar que não existe mais. O medo do desconhecido é palpável, e as memórias do que foi deixado para trás se cimentam na mente, como se fossem um fardo pesado a ser carregado por toda a vida.

Enquanto analisamos as causas estruturais do deslocamento, é essencial que a empatia guie nossa compreensão. Esses relatos, que muitas vezes parecem distantes, revelam a verdade brutal de que, sob essa complexidade, estão seres humanos que anseiam por pertencer a algum lugar, por segurança e por uma vida que não seja marcada pelo medo e pela insegurança. Essas histórias nos convidam a refletir sobre nosso papel enquanto sociedade, nos lembrando de que, em essência, somos todos parte de uma teia humana maior, interligados por nossos destinos e por nossas lutas por um amanhã mais justo.

O apoio da comunidade internacional a países de origem é uma peça fundamental no quebra-cabeça da migração forçada. Quando se trata de construir ambientes seguros e saudáveis para que os cidadãos possam prosperar em suas terras natal, iniciativas de desenvolvimento e cooperação internacional mostram-se essenciais. É notável como ações concretas de ajuda externa podem transformar realidades, mesmo em contextos onde a instabilidade parece ser a norma.

Imagine, por exemplo, um pequeno vilarejo em uma região marcada por conflitos persistentes. O que poderia, à primeira vista, parecer um espaço de desespero, pode se tornar um exemplo de resiliência através de projetos de assistência internacional. Um programa de educação financiado por uma ONG, que traz professores experientes e materiais adequados, e que promove a inclusão, pode rejuvenescer a esperança daquelas crianças. Elas se tornam protagonistas de suas próprias histórias, rompendo o ciclo de pobreza e violência que as cercava.

Um estudo realizado em várias nações da África e do Oriente Médio revelou que a implementação de iniciativas focadas na agricultura sustentável não só aumentou a produção local, mas também garantiu segurança alimentar. Agricultores que antes lutavam para subsistir puderam expandir suas produções, permitindo um aumento considerável na renda. A comunidade começou a perceber que, com o suporte adequado, havia caminhos para a autonomia e o desenvolvimento, reduzindo, assim, a tentação de deixar tudo para trás em busca de um futuro incerto em terras estrangeiras.

As parcerias entre governos locais e organismos internacionais também se mostraram capazes de engendrar mudanças significativas. Projetos que visam a capacitação de força de trabalho, por exemplo, podem redirecionar jovens que, de outra forma, estariam se vendo obrigados a se envolver em atividades ilegais ou em movimentos de migração. A construção de centros comunitários, que oferecem habilidades práticas em tecnologia ou negócios, cria um ambiente onde a prosperidade pode florescer. Os jovens que recebem essa formação tornam-se agentes de transformação em suas comunidades, fazendo com que o potencial de cada nação se realize de maneira não apenas idealizada, mas palpável.

Contudo, nem tudo está resolvido com a mera entrega de recursos. A eficácia dessas iniciativas depende fundamentalmente de uma abordagem meticulosa e atenta às realidades locais. É preciso compreender as dinâmicas sociais, os anseios e as tradições que permeiam a vida dessas pessoas. Às vezes, um simples programa pode, inadvertidamente, gerar resistência. A verdadeira mudança requer diálogo, construção de confiança e um esforço genuíno para entender as necessidades genuínas da população.

Além disso, é importante ressaltar que a colaboração internacional deve ser vista como um complemento e não como uma solução definitiva. As comunidades precisam se sentir empoderadas para tomar as rédeas de seu próprio destino. O fortalecimento das instituições locais, com a participação ativa da população, é essencial para garantir a sustentabilidade das iniciativas. É essa mesma população que, ao se apropriar dos processos, transforma desafios em oportunidades, criando um ciclo virtuoso de progresso.

Essa dança entre ajuda externa e autonomia local ilustra bem a complexidade do papel da comunidade internacional. Em suma, seu suporte deve estimular a criação de webs de solidariedade e cooperação, nunca a dependência. O verdadeiro milagre acontece quando as pessoas sentem que estão em suas próprias mãos a força para superar as adversidades, não apenas através da migração, mas também ao permanecer e construir, pedra por pedra, um amanhã melhor em seus países. É um caminho longo, mas um caminho que vale a pena trilhar.

Garantir um ambiente seguro para as populações deve ser a principal preocupação de qualquer governo. A segurança não se resume apenas a interpelações militares ou policiamento ostensivo, mas abrange também aspectos que geram confiança e garantem a dignidade dos cidadãos. É essencial que as instituições públicas funcionem de maneira transparente e responsável. A falta de confiança nas autoridades é um dos fatores que impulsiona as pessoas a buscar refúgio em outros países. Como se pode esperar que alguém queira permanecer em um lugar onde a inação governamental prevalece e os direitos básicos não são protegidos?

Um exemplo marcante é o caso de várias nações que enfrentaram crises políticas profundas. Cidadãos frequentemente relatam a sensação de desamparo, como se estivessem presos em um labirinto sem saída. Essa falta de perspectiva gera um descontentamento que, em contextos mais extremos, pode culminar em fugas em massa. Ao escutar histórias de pessoas que deixaram suas casas, é comum notar que a motivação não foi apenas a busca por melhores condições materiais, mas a urgência por segurança e a necessidade de um futuro promissor. Algo que, acreditavam, não teriam em seu próprio país.

Reformas políticas são um passo indispensável para mudar essa realidade. Um governo que se compromete a reformular instituições e a promover um diálogo efetivo com a sociedade é capaz de cultivar um ambiente mais propício ao desenvolvimento e à estabilidade. Investir em educação, por exemplo, é uma das estratégias que mais trazem retorno a longo prazo. Quando uma criança sente que seu potencial pode ser alcançado, isso gera um efeito dominó positivo em toda a sociedade. Muitos dos que fogem de seus lares relatam que a educação de seus filhos é uma das principais motivações para procurar um novo começo.

Além disso, promover a estabilidade econômica é igualmente crucial. Sem emprego e perspectivas de crescimento, as pessoas se veem obrigadas a colocar suas vidas em risco para encontrar uma nova oportunidade em outro lugar. Governos que se dedicam a criar condições de trabalho dignas e oportunidades de empreendedorismo são mais propensos a reter seus cidadãos. Em muitos casos, pequenas iniciativas de desenvolvimento local podem ter um impacto massivo na vida das pessoas. Um exemplo vívido disso pode ser encontrado em comunidades que receberam apoio para desenvolver artesanato local, criando, assim, uma identidade e uma fonte de renda. Quando a população sente que tem o controle sobre sua própria história, as chances de permanecer no país aumentam significativamente.

Da mesma forma, é preciso destacar a importância da governança responsável. Quando os cidadãos veem seus direitos sendo respeitados e suas vozes sendo ouvidas, a sensação de pertencimento cresce. Um cidadão que acredita que seu governo o representa tende a ser mais resiliente, a se deixar levar pela ideia de que vale a pena lutar por aquele espaço. Então, a pergunta que fica é: como garantir que os futuros líderes de um país estejam comprometidos com a verdade e com a transparência? Isso não será conseguido apenas através de promessas de campanha, mas por meio de ações concretas que demonstrem integridade e responsabilidade.

O ambiente seguro é, portanto, um conceito complexo que transcende a mera ausência de conflito. É sobre criar uma estrutura que favoreça o crescimento, onde cada cidadão possa se sentir valorizado. Para que isso aconteça, políticas coerentes devem ser implementadas de forma contínua e avalizadas pela sociedade civil. Assim, ao olhar para as análises e histórias que envolvem deslocamentos forçados, percebemos que, em última instância, eles não são apenas sobre geografia, mas sobre a incessante busca de pessoas por garantias de que poderão viver dignamente em suas próprias terras.

Portanto, o que verdadeiramente importa é cultivar um espaço onde os cidadãos sintam que pertencem, que têm voz, e que, acima de tudo, a esperança para um futuro melhor não seja apenas um sonho distante, mas uma realidade palpável ao seu alcance. Essa é a mudança que pode redefinir nações e salvar vidas.

Capítulo 9: O impacto na sociedade de acolhimento

A chegada de refugiados a uma nova sociedade é um momento carregado de expectativa e desconfiança. Cada situação é marcada por histórias únicas, e é aqui que se encontram os contrastes mais profundos da experiência humana. De um lado, há comunidades que se abrem de braços abertos, onde o calor das boas-vindas é palpável, e do outro, aquelas que são envolvidas por uma onda de resistência, um receio do desconhecido que se intensifica com o preconceito.

Imagine a história de Sofia, uma refugiada síria. Quando chegou ao Brasil, em uma tarde nublada, foi recebida por uma ONG local que a acolheu com um sorriso e uma refeição quente. Ela conta que, enquanto degustava um prato simples, sentiu pela primeira vez uma leveza no peito. "Era só um arroz com feijão, mas foi como se fosse um banquete", diz, refletindo sobre a sensação de pertencer naquele instante. No entanto, esse calor humano não é uma experiência universal. Não muito longe dali, no mesmo bairro, outro grupo de refugiados, oriundos do Afeganistão, encontrou barreiras em vez de portas abertas. A história de Raza, que enfrentou olhares de desconfiança e comentários maldosos ao tentar se integrar, ilustra o que muitas vezes acontece. O preconceito, infelizmente, pode ser um dos primeiros acompanhamentos que eles recebem, como uma sombra que insiste em seguir, mesmo quando a vontade de se conectar é genuína.

Historicamente, as memórias de imigração moldam o modo como os novos chegados são vistos. Algumas comunidades, fortemente marcadas por passagens migratórias no passado, tendem a ser mais acolhedoras. Por exemplo, cidades que prosperaram em função de suas heranças imigratórias, como São

Paulo, frequentemente revelam uma assimetria na recepção: enquanto alguns bairros vibram com a coexistência multicultural, outros ficam presos em séculos de estigmas que desumanizam o diferente. Aqui, a reflexão é quase visceral: como essas comunidades podem ter se esquecido das batalhas enfrentadas por seus antepassados? É intrigante pensar que, em um espaço onde a diversidade deveria ser celebrada, ainda existe um resquício de medo.

O impacto da acolhida inicial na saúde mental dos refugiados é um aspecto que não pode ser negligenciado. Quando recebem tratamento humano, essa experiência paradoxalmente se transforma em um pilar de suporte para suas vidas. A aceitação e a empatia são como remédios para um coração carregado de traumas. O acolhimento, portanto, não é apenas um gesto bonito, mas uma necessidade vital que pode permitir que novos laços sejam formados e que a reconstrução da identidade, devastada pelo deslocamento, aconteça.

No final das contas, a qualidade do acolhimento pode ser a linha tênue entre a superação e a estigmatização. Uma sociedade que entende a importância desse primeiro passo tem a chance de se transformar em um espaço de resiliência e apoio mútuo. Ao refletirmos sobre o tema, fica a pergunta: como podemos garantir que cada refugiado que chega encontre não apenas abrigo, mas um sentimento genuíno de pertencimento? Essa introspecção é, de fato, essencial para a construção de comunidades mais inclusivas e acolhedoras.

Nos desafios sociais que emergem com a chegada de refugiados, a complexidade das interações entre os habitantes locais e os novos integrantes da comunidade é palpável. Ao contrário do que muitos imaginam, a simples presença de uma nova cultura não garante uma acolhida calorosa. Ao contrário, o medo do desconhecido frequentemente se transforma em um muro de desconfiança e preconceito. Há um subjetivo sussurro que permeia alguns locais. Por exemplo, em uma pequena cidade do interior, houve um momento marcante em que um grupo de refugiados tentou se integrar. Imaginem a cena: eles se juntaram a uma festa de rua local, esperando abraços e sorrisos. Mas, ao invés disso, algumas olhadas desconfiadas se transformaram em murmúrios e risos nervosos. Isso é apenas uma ilustração de como a resistência se manifesta em muitos contextos.

É interessante notar que, apesar de algumas interações se iniciarem de forma tensa, existem também aqueles indivíduos que, como uma brisa fresca em um dia quente, se dispõem a quebrar essas barreiras. Uma história que me marcou foi a de Ana, uma professora local, que decidiu dar aulas de português para um grupo de refugiados. Ela, com todo seu carinho e dedicação, percebeu que a verdadeira integração passa não só pelo aprendizado da língua, mas também pela construção de relacionamentos genuínos. As risadas compartilhadas nas aulas, as histórias contadas durante os intervalos – tudo isso transformou o espaço em um ambiente de acolhimento, onde os medos foram progressivamente substituídos por empatia.

Contudo, essas interações não são uma regra. O que predomina em muitos lugares é a dificuldade de comunicação. O idioma, muitas vezes, se torna um obstáculo monumental. Um refugiado pode ser um talentoso cozinheiro, mas, ao não conseguir verbalizar suas habilidades, sente que seu valor não é reconhecido. E esse sentimento de invisibilidade pode ser devastador. Numa palavra, a frustração é imensa quando se percebe que, apesar das habilidades e experiências que traz, o simples ato de falar é uma barreira quase intransponível.

Examinando as pesquisas sobre a resistência à integração, muitos estudos apontam que o medo do 'outro' é alimentado por desinformação. A narrativa criada em torno dos refugiados, frequentemente carregada de estigmas, vai moldando a percepção da população local e gerando uma atmosfera de hostilidade. Em vez de promover um diálogo construtivo, muitos preferem guardar suas oposições em silêncio, alimentando um ciclo vicioso de desconfiança. É fundamental quebrar esse ciclo, e as experiências vividas por aqueles que ainda não superaram suas inseguranças mostram o quanto a mudança é possível, mas exige esforço.

Olhando mais de perto, é de admirar o papel das iniciativas locais que buscam construir pontes onde existem abismos. Uma comunidade em São Paulo, por exemplo, realizou um festival multicultural para celebrar a diversidade. Esse evento, além de trazer comida típica e músicas de várias partes do mundo, promoveu diálogos entre os locais e os refugiados. A energia estava palpável. As interações começaram tensas, mas, em poucas horas, transformaram-se em risos e novas amizades. E isso nos faz refletir: a quem cabe a responsabilidade de fomentar esses espaços de empatia? O reconhecimento das diferenças e a valorização da diversidade deve ser um esforço coletivo.

Enquanto isso, os desafios persistem. Em muitos casos, mesmo com a disposição para a integração, o preconceito parece estar enraizado. O que se revela nas pequenas conversas cotidianas, onde o "nós" e "eles" ainda são muito evidentes, como se uma linha invisível dividisse a sociedade em dois grupos distintos. O impacto disso nas vidas dos refugiados é profundo. Um sentimento de pertencimento é essencial não só para a identidade individual, mas também para a saúde mental. A luta diária para mostrar seu valor, enquanto são tratados como estranhos em sua nova casa, pode se tornar uma carga emocional pesada.

Assim, embora o acolhimento possa parecer um desafio monumental, as sementes de entendimento e amizade estão plantadas, esperando as condições certas para florescer. Vale lembrar que cada passo dado em direção à inclusão é um passo importante, mesmo quando os resultados são lentos. E quando uma sociedade decide se abrir para o diálogo, mesmo em meio a preconceitos, cria-se a oportunidade de uma transformação profunda, benéfica para todos os envolvidos.

Histórias de integração bem-sucedida nos mostram que o acolhimento de refugiados pode ser transformador, trazendo benefícios para todas as partes envolvidas. Existem exemplos que revelam a resiliência e a capacidade de adaptação dessas pessoas que, ao deixarem seus lares em busca de segurança e oportunidades, acabam contribuindo significativamente para a comunidade que os recebe. Um caso que vem à mente é o de uma imigrante síria chamada Layla. Ao chegar ao Brasil, ela enfrentou os desafios típicos: a barreira do idioma, a saudade da família e as dificuldades de adaptação. No entanto, com o apoio de uma iniciativa local que ajudava refugiados, Layla começou a usar suas habilidades como costureira. Pouco tempo depois, seu talento despertou a atenção de uma empreendedora local, que a convidou para trabalhar em sua confecção.

Esse tipo de interação não é raro. Comunidades que abraçam a diversidade, em vez de ver os refugiados como uma ameaça, frequentemente colhem os frutos dessa elasticidade social. Um exemplo inspirador desse fenômeno aconteceu em uma cidade do interior. Com a chegada de refugiados afegãos, surgiram vários projetos comunitários que promoviam a troca cultural e a valorização das experiências dos novos habitantes. As festas que celebravam a cultura afegã, com danças e comidas típicas, rapidamente se tornaram um ponto de encontro, promovendo o diálogo e a empatia entre os nativos e os recém-chegados. Um morador local até comentou certa vez que se sentia mais rico culturalmente, enriquecido pelas histórias e pelos sabores trazidos por aqueles que aprenderam a viver juntos.

Além das histórias individuais, é essencial considerar o contexto mais amplo. Políticas públicas que incentivem a inclusão são fundamentais para transformar a sociedade. O apoio governamental, como a oferta de cursos de idiomas e a facilitação de processos de validação de diplomas, pode ser a chave. Quando os refugiados conseguem se inserir no mercado de trabalho, a economia local se beneficia, criando um ciclo positivo. É impressionante perceber como pequenas intervenções podem levar a mudanças massivas na estrutura social, contribuindo para a formação de uma sociedade mais justa e solidária.

Empreendimentos sociais que surgem como resultado dessa integração são um testemunho da capacidade de adaptação das comunidades. Um grupo de refugiados criou uma startup que oferece serviços de tradução e interpretação, unindo suas habilidades linguísticas e experiências diversas. Este projeto não apenas gera renda, mas também estreita laços entre diferentes culturas, promovendo um entendimento mútuo e derrubando barreiras.

É inspirador ver que, em um mundo com tantas divisões, projetos como esses conectam pessoas de todos os cantos. Quando olhamos para a história de cada um desses refugiados, não apenas nos deparamos com desafios, mas também com um profundo anseio por pertencimento. Afinal, todos nós, em algum momento, buscamos um lugar onde possamos nos sentir seguros e valorizados.

A integração bem-sucedida é um processo que exige compromisso coletivo, e iniciativas da sociedade civil têm um papel indiscutível. São essas organizações que, muitas vezes, agem como ponte entre os refugiados e a comunidade local, criando um espaço onde todos podem colaborar. Ao final, a verdadeira essência desse acolhimento vai além da compaixão; trata-se de enxergar nos refugiados um potencial extraordinário que pode enriquecer a vida de todos. Cultivar essa visão pode ser o milagre que transforma uma sociedade estranha em uma comunidade vibrante e acolhedora.

A participação da sociedade civil se revela como uma peça-chave no acolhimento e na integração de refugiados. Quando trabalhamos juntos, as possibilidades se multiplicam, e os resultados são verdadeiramente inspiradores. Organizações não governamentais exercem um papel vital nesse contexto, atuando como pontes entre os novos e a comunidade que os recebe. A força do trabalho colaborativo pode ser um verdadeiro milagre em um cenário que muitas vezes se apresenta repleto de desafios e desconfiança.

Um exemplo disso é um projeto comunitário em uma cidade que recebeu um grande número de refugiados. Um grupo de voluntários iniciou aulas de idiomas, criando um espaço aconchegante onde todos poderiam aprender e ensinar. Um refugiado do Oriente Médio, com uma paixão por culinária, começou a compartilhar suas receitas tradicionais. Esse simples gesto não apenas ajudou a quebrar barreiras linguísticas, mas também proporcionou um espaço de troca cultural único. O cheiro do pão assado por esse refugiado enchia a sala, enquanto risadas e diálogos descontraídos preenchiam o ar. Assim, o aprendizado se tornava um prazer, e a integração, um objetivo compartilhado.

O protagonismo da sociedade civil, no entanto, enfrenta obstáculos significativos. Muitas ONGs lutam contra a desinformação que permeia a percepção pública sobre refugiados. O medo e a aversão costumam se instalar nos discursos de quem não compreende a realidade desses novos cidadãos. Um caso emblemático ocorreu em uma cidade onde houve um movimento contra a construção de um centro de acolhimento. Os moradores, motivados por notícias distorcidas, acreditavam que o espaço traria insegurança. Felizmente, um grupo local organizou uma série de encontros para discutir o tema, criando um ambiente onde as histórias dos refugiados pudessem ser ouvidas. Com o tempo, a desconfiança deu espaço à empatia e ao entendimento.

Essas iniciativas revelam que acolher vai muito além dos atos de bondade. É uma responsabilidade coletiva que requer empenho e, principalmente, coragem. Integração não é apenas um gesto humanitário, mas uma tarefa que demanda preparo e resiliência. Não é incomum que as próprias ONGs precisem se reinventar diante de novos desafios. Ao longo da jornada, muitos vão se deparar com a resistência na comunidade local, mas a continuidade do diálogo abre portas inesperadas. As vozes que se unem em prol de uma causa comum transformam a paisagem social.

Em um mundo que frequentemente parece dividido, o papel da sociedade civil é ainda mais relevante. Com suas variadas iniciativas, cria-se uma rede de suporte que, muitas vezes, é mais forte do que todos os obstáculos enfrentados. As histórias de sucesso, embora inspiradoras, não devem nos fazer esquecer que o caminho é tortuoso e repleto de lições. Cada passo dado em direção ao entendimento é uma conquista, não apenas para os refugiados, mas para toda a sociedade.

Ao final, refletir sobre a importância desse acolhimento nos leva ao reconhecimento de que as diferenças, longe de serem um fardo, enriquecem e diversificam o tecido social. A integração é um desafio, mas também uma oportunidade de transformar não apenas as vidas daqueles que chegam, mas a sociedade como um todo. A aceitação e o acolhimento são, portanto, atos de coragem que imploram por compreensão e solidariedade, mostrando que, juntos, é possível construir um futuro mais justo e coeso.

Capítulo 10: Políticas de Resgate e Ajuda Humanitária

O cenário atual das políticas de resgate ao redor do mundo é complexo e multifacetado. Nos últimos anos, crises humanitárias têm se multiplicado, impulsionadas por conflitos armados, desastres naturais e perseguições políticas e sociais. Esse contexto levou a uma ampla variedade de respostas por parte de estados e organizações não governamentais, refletindo a divergência nas abordagens implementadas para enfrentar tais situações críticas.

Em primeiro lugar, é importante notar que há uma imensa variedade nos métodos e estratégias utilizadas para resgatar e ajudar milhões de refugiados e pessoas deslocadas. Na Europa, por exemplo, muitos países enfrentam a pressão de um número crescente de solicitantes de asilo, levando à adoção de políticas de estrita segurança nas fronteiras. Em contraste, na América Latina, vemos exemplos de acolhimento mais aberto e solidário, como o que aconteceu na Venezuela, onde países vizinhos estão tentando, com recursos limitados, oferecer abrigo e suporte aos que fogem da crise. Isso nos mostra que a forma com que as políticas são formuladas e implementadas pode ser profundamente influenciada por contextos locais e culturais.

Entretanto, será que essas políticas estão, de fato, funcionando? Embora haja casos de sucesso, a pesquisa aponta para lacunas significativas. De acordo com relatórios da ONU e outras organizações internacionais, muitas nações enfrentam sérios desafios na integração dos refugiados, na oferta de serviços essenciais e na implementação de programas que garantam os direitos humanos. A eficácia das políticas de resgate é frequentemente comprometida por burocracias excessivas, falta de recursos, e, em muitos casos, uma política retrógrada que ignora a urgência da ajuda humanitária. Essas dificuldades são ainda mais exacerbadas quando falamos de operações de resgate em alto-mar, onde as condições são perigosas e a incerteza é a única constante.

Para ilustrar esse panorama, vamos considerar o trabalho de organizações não governamentais, que desempenham um papel essencial na assistência aos refugiados. Elas têm se mostrado vitais na implementação de resgates, oferecendo desde apoio psicológico até abrigo e alimentos. No Mediterrâneo, o esforço de grupos como a Médicos Sem Fronteiras e a Sea Watch proporciona socorro em alto-mar a pessoas que arriscam suas vidas em busca de segurança. Em um incidente impactante, uma equipe de voluntários se deparou com um barco superlotado, onde crianças e adultos estavam prestes a se afogar. A emoção da cena é indescritível: o desespero nos rostos, o clamor por ajuda ecoando nas ondas. Graças ao trabalho cuidadoso e ao treinamento meticuloso daqueles voluntários, muitas vidas foram salvas. Imagine a sensação de um resgatador ao puxar uma criança para fora da água, sentindo a vida pulsar novamente.

Tais histórias, mais do que números em um relatório, são exemplos humanos que nos conectam à gravidade da situação. Elas nos lembram que, sob a superfície dos dados e dos estudos, existe uma rede de vidas, histórias e sonhos. No entanto, esses trabalhos em equipe não ocorrem sem desafios. Muitas ONGs enfrentam a criminalização de suas ações, especialmente em contextos onde as políticas de imigração são severas. O que deveria ser uma missão de compaixão torna-se um jogo de gato e rato com as autoridades. Essa realidade revela a urgência de um diálogo mais aberto e colaborativo entre governos e organizações humanitárias, pois apenas assim se pode colocar em prática soluções que não apenas salvem vidas, mas também proporcionem um recomeço digno para aqueles que já enfrentaram tanto.

Com isso, deixamos em aberto a questão: até onde estamos dispostos a ir para proteger aqueles que, em suas jornadas, nos ensinam sobre resiliência e esperança? A resposta a essa pergunta é onde devemos focar nossos esforços e energias, pois, como bem sabemos, o verdadeiro teste do caráter global está em como respondemos às crises humanitárias que nos cercam.

Quando falamos sobre os obstáculos enfrentados por organizações humanitárias em sua missão de prestar socorro, não podemos ignorar a complexidade do cenário. Durante um resgate no mar Mediterrâneo, por exemplo, recursos limitados se tornam um desafio crítico. Imagine um barco pequeno, abarrotado de pessoas à deriva. Os voluntários a bordo precisam tomar decisões rápidas e difíceis. Havia um grupo de jovens médicos a bordo, suas mãos tremiam ao preparar pacotes de atendimentos, sabendo que a próxima onda poderia colocar tudo em risco. Essa é a realidade enfrentada diariamente por muitos, um labirinto de incertezas.

As agências humanitárias, em sua luta para salvar vidas, frequentemente se deparam com barreiras legais que dificultam suas operações. Em alguns países, a legislação é uma linha tênue entre ajuda e criminalização. Uma ONG que tentava cumprir sua missão de resgate no mar foi acusada de facilitar a imigração irregular. O peso dessas acusações não apenas afeta o desenvolvimento das operações, mas também gera um clima de medo entre aqueles que dedicam suas vidas a ajudar os outros. Esse jogo político expõe não apenas os desafios das ONGs, mas revela um sistema que muitas vezes falha em reconhecer a necessidade humana básica de sobrevivência.

Outro fator inegável é a perseguição judicial que se abate sobre algumas dessas organizações. Com frequência, ativistas se tornam alvos de processos legais arbitrários, criando um ambiente hostil para aqueles que desejam ajudar. Recordo de um ativista que conheci em uma conferência sobre direitos humanos. Ele me contou sobre o dia em que foi preso, simplesmente por ter tentado fornecer água e alimentos a refugiados. A frustração e a incredulidade em seu olhar, enquanto narrava aquela situação, capazes de ressoar em qualquer um, são a prova do quanto o altruísmo pode ser desafiado por estruturas governamentais que, em vez de apoiar, criam obstáculos.

Além de questões legais, existem também desafios logísticos, como a coordenação dos esforços entre diferentes grupos. Muitas vezes, o que poderia ser uma operação harmoniosa se transforma em um quebra-cabeças complicado. Organizações diversas podem ter objetivos comuns, mas os métodos e formas de operar podem variar enormemente. Durante uma missão no campo, vi como a falta de comunicação clara entre equipes fez com que algumas pessoas ficassem sem atendimento, apenas por não estarem cientes de que a ajudante da equipe B tinha o que elas precisavam. Às vezes, um simples gesto – um gesto de empatia – pode fazer toda a diferença, mas a confusão torna tudo mais complicado.

E por falar em compaixão, não podemos esquecer do impacto que o contexto político local exerce nas operações de resgate. Em algumas regiões, as autoridades veem as ONGs não como aliadas, mas como ameaças. Existe uma luta constante entre o desejo de salvar vidas e a realidade de que algumas áreas são dominadas por políticas restritivas que dificultam ainda mais a atuação direta das organizações. Um veterano de guerra que se tornou voluntário me contou como os constantes conflitos de poder o levaram a questionar suas próprias crenças sobre o que realmente significa "servir ao próximo". O olhar de desespero e a sinceridade em suas palavras me marcaram. Ele sabia que, mesmo em meio à adversidade, havia um motivo pelo qual continuar: a humanidade.

Histórias como essas são testemunhos da coragem humana. Os que atuam no resgate, frequentemente invisíveis para os olhos da sociedade, mostram um heroísmo que muitas vezes é ignorado. Existe uma força impressionante na paixão deles por ajudar. Conheci uma mulher que deixou sua carreira promissora em uma grande cidade para se juntar a um grupo humanitário. Ela me falou de noites em claro, preocupada com o futuro das pessoas que ajudava. O brilho em seus olhos ao descrever as vidas que tocou era, de fato, inspirador. Essa vida, com todos os seus desafios e triunfos, é a razão pela qual muitos continuam na linha de frente, mesmo sabendo dos riscos que enfrentam.

A resiliência daqueles que trabalham em condições extremas nos leva a questionar nossa própria disposição para agir. Enquanto o mundo observa do conforto de suas casas, quem realmente se importa? Não existem palavras que possam descrever a mistura de admiração e tristeza que sentimos ao compreendermos o sacrifício diário dessas pessoas. Portanto, da próxima vez que ouvirmos sobre uma operação humanitária, que possamos lembrar dos rostos e das histórias atrás dos números, e que essa memória nos impeça de nos tornarmos apáticos frente às injustiças do mundo. Esse é um convite para nós, um chamado à ação.

Promover um sistema internacional coerente de resgates exige um olhar atento às normas que regem a ajuda humanitária e a resiliência dos refugiados. A harmonização dessas normas com as legislações nacionais é essencial. Muitas vezes, o que está na teoria, nos tratados internacionais, não se traduz na prática. Cada país, mesmo aqueles que assinaram convenções importantes, pode aplicar esses tratados de maneira peculiar, dependendo de sua realidade política e social. Isso traz à tona incoerências que precisam ser discutidas.

Pense bem: existe algo mais frustrante do que políticas que prometem proteção, mas que na prática falham em oferecer o suporte necessário? Exemplo disso é a diferença entre a abordagem de países no Norte e no Sul global. Enquanto alguns têm protocolos de proteção e resgate bem definidos, outros enfrentam uma verdadeira batalha legal e administrativa para oferecer assistência adequada. A burocracia e a politicagem, misturadas a um complexo cenário geopolítico, tornam esses processos ainda mais desafiadores. Em muitos casos, isso resulta em um ciclo de ineficiência que penaliza os mais vulneráveis.

Histórias de operações de resgate bem-sucedidas devem nos servir como inspiração. Lembro de uma missão conjunta entre países europeus que conseguiu resgatar um grupo de refugiados à deriva no Mediterrâneo. A colaboração, apesar das dificuldades e das críticas que as ONGs enfrentam diariamente, destacou o que pode ser alcançado quando se trabalha em conjunto. O que poderia ser uma tragédia se transformou em um testemunho da força da união. Essa operação específica não apenas salvou vidas, mas também estreitou laços entre nações e mostrou que há esperança mesmo em meio ao caos.

No entanto, a verdade é que essas histórias não são as que aparecem com frequência nas manchetes. O que vemos, muitas vezes, são relatos de fracassos e dos bloqueios enfrentados por trabalhadores humanitários. As agências, que deveriam estar no centro da ação, frequentemente se deparam com pressão política e judicial em seus países de origem ou destino. Ao tentar implementar suas missões, enfrentam a falta de recursos fundamentais, além do próprio medo de retaliações ou investigações. Isso levanta questões cruciais: como é possível falar em ajuda humanitária se as entidades que atuam nela estão sendo punidas por tentar fazer o bem?

A colaboração entre estados e organizações não governamentais é o que poderá mudar essa narrativa. Quando os países unificam esforços e criam estratégias comuns, aumentam suas chances de êxito. Tal qual acordos internacionais que ajudaram a combater doenças e fortalecer a educação. O diálogo entre nações tem gerado frutos por anos, e não deveria ser diferente na questão dos resgates. A sinergia pode e deve ser aplicada nesta área, criando um quadro mais robusto e eficiente para a proteção dos que mais precisam.

Ao refletir sobre esses desafios, precisamos abordar as perspectivas de trabalhadores humanitários que, em meio ao caos, se mantêm firmes em sua missão. Estes heróis, muitas vezes não reconhecidos, arriscam suas vidas em nome de um ideal. Vimos recentemente notícias de uma equipe que, em meio a bombardeios, não hesitou em ajudar pessoas encurraladas. Cada um deles tem uma história, uma luta pessoal, que transcende seu papel como ativistas da paz. Suas experiências nos lembram que a compaixão é uma força poderosa e que, mesmo em cenários devastadores, a solidariedade é a luz que pode guiar o caminho.

Portanto, ao considerarmos a construção de um esquema mais sólido e eficiente para resgates humanitários, é imperativo não apenas aprender com os erros do passado, mas também reconhecer e valorizar as iniciativas que têm se mostrado eficazes.

Um sistema internacional de resgates bem estruturado requer diálogo, respeito às diversidades culturais e a compreensão de que, em última análise, todos somos um só nesse planeta. A força da mudança repousa na capacidade de todos nós de estabelecermos conexões e buscarmos um futuro onde a dignidade humana prevalece, independentemente das fronteiras.

A realidade das políticas de resgate humanitário demanda uma atenção urgente e comprometida. Precisamos enfatizar como ações concretas e coordenadas podem transformar a vida de pessoas que se encontram em situações dramáticas. É fácil se sentir impotente diante da imensidão dos desafios, mas a verdade é que cada indivíduo, em sua esfera de influência, pode fazer a diferença. Como? Através da mobilização e do engajamento, que são essenciais para pressionar governos e organizações a adotar posturas mais efetivas.

Vamos considerar, por exemplo, o papel dos ativistas e das organizações da sociedade civil. Essas entidades muitas vezes trabalham incansavelmente para garantir que as vozes dos marginalizados sejam ouvidas. Há relatos de jovens que, armados com determinação e um laptop, começam campanhas que sensibilizem a população e atraiam a atenção de líderes. Um movimento gerado em uma sala de estar se transforma em uma onda de apoio, demonstrando que a mobilização social é poderosa e pode, de fato, resultar em mudanças políticas.

Um caso que vem à mente foi ainda mais impressionante. Um grupo de estudantes se uniu para levantar fundos e financiar uma operação de resgate. Eles criaram um evento comunitário, recheado de música e arte, e cada entrada vendida se transformou em recursos para ajudar refugiados. O evento não só arrecadou dinheiro, mas também despertou a consciência sobre a situação crítica enfrentada por muitos. Cada relato de uma vida salva, cada abraço dado, é um milagre em si.

É com histórias como essas que refletimos sobre a importância da responsabilidade coletiva. Quando um grupo se junta, a energia gerada pode ser a força motriz necessária para desafiar as normativas existentes. Precisamos lembrar que não é apenas uma questão de políticas governamentais. O que realmente importa é a vontade popular de mudança. Já parou para pensar na importância do engajamento ativo? Cada movimento social que já presenciamos começou com um simples grito de insatisfação, transformando-se em um chamado à ação.

Quando falamos sobre ajudar, muitas vezes pensamos em como podemos contribuir individualmente. Mas há um poder incrível em se solidarizar com grupos. Iniciativas coletivas e colaborações entre diferentes organizações podem ser a chave para superarmos obstáculos que antes pareciam intransponíveis. O diálogo entre Estados, ONGs e a sociedade civil é crucial. Um novo acordo, que una esforços e reafirme compromissos, pode mudar radicalmente a dinâmica da ajuda humanitária.

Alguns acordos, com foco em saúde global, mostraram que a colaboração pode gerar resultados concretos. Isso nos leva a pensar: se conseguirmos juntar esforços em áreas tão complexas como a saúde, por que não fazer o mesmo em situações de resgate de refugiados? O exemplo é inspirador, mas também serve como um lembrete de que estamos longe de alcançar o potencial máximo de sinergia. É a hora de trazer à tona novas ideias, explorar alternativas e olhar para experiências bem-sucedidas que possam ser adaptadas.

Hoje, somos desafiados a considerar qual legado queremos deixar. Estamos diante de um mundo interconectado e, por mais que as dificuldades pareçam imensas, é essencial que nos unamos. A ideia de que uma só pessoa pode mudar o mundo pode soar grandiosa, mas se considerarmos que muitas ações individuais juntas formam um movimento, a verdade se revela. Finalizando essa reflexão, lembre-se que pequenas ações têm um valor indescritível. Um sorriso, um gesto de carinho, uma palavra de apoio – tudo isso conta na construção de um futuro mais justo e acolhedor. Afinal, não podemos esquecer nunca que, por detrás das políticas, existem vidas. E essas vidas merecem nosso respeito, nossa ajuda e nosso amor.

Capítulo 11: Propostas de intervenção e soluções sustentáveis

A proteção e a integração de refugiados é uma questão de relevância global, que demanda uma abordagem comprometida e humanitária por parte de governos e sociedade civil. É fundamental que políticas públicas sejam implementadas com o objetivo de garantir não apenas a proteção, mas também a inclusão social desses indivíduos que, em sua maioria, deixaram para trás tudo o que conheciam em busca de segurança e melhores condições de vida. A criação de programas que promovam a integração social é um passo essencial para que esses novos cidadãos se sintam acolhidos. Imagine, por exemplo, um curso de idiomas que não apenas ensine uma nova língua, mas que também funcione como um ponto de encontro, um espaço onde as pessoas possam compartilhar experiências e construir laços.

Além disso, é vital que haja capacitação profissional. Muitas vezes, refugiados trazem consigo habilidades e experiências valiosas, mas enfrentam barreiras para se inserir no mercado de trabalho. Programas que os conectem com oportunidades de emprego podem não só ajudá-los a recomeçar, mas também enriquecer economicamente as comunidades que os recebem. O acesso a serviços de saúde, um direito humano básico, deve ser garantido, pois a saúde mental e física desses indivíduos muitas vezes foi severamente prejudicada pela experiência de deslocamento. Um ambiente acolhedor, onde um refugiado possa se sentir seguro e que possa cuidar de si mesmo, é essencial. Assim, é possível construir uma ponte entre culturas diferentes, onde cada lado tem a chance de aprender e se beneficiar.

Iniciativas que já demonstraram resultados positivos em diferentes contextos oferecem um guia para o que pode ser feito.

Existem países que se destacaram por suas políticas inclusivas e inovadoras, como o Canadá, que implementou um programa de acolhimento que envolve a comunidade local no processo de integração. Nesses casos, os resultados falam por si só, visto que os refugiados não só se adaptaram, mas também ganharam destaque em suas novas comunidades como empreendedores, artistas, profissionais em diversas áreas... A história de um refugiado sírio que, após um ano em um desses programas, conseguiu abrir seu próprio restaurante, é apenas um dos muitos exemplos inspiradores. Ele decidiu trazer os sabores de sua terra natal para o novo lar, e ao fazer isso, não apenas venceu desafios, como também uniu pessoas, gerando interação e troca entre diferentes culturas.

E tem mais: enquanto discutimos as políticas de acolhimento, não podemos esquecer da responsabilidade dos países que vivem essa realidade. A colaboração entre governos, ONGs e a sociedade civil é indispensável. Somente assim, é possível criar um ambiente que não apenas acolha, mas abrace. Parcerias efetivas podem levar à criação de redes de apoio e assistência, que atendam não apenas às necessidades imediatas dos refugiados, mas também abrem portas para um futuro sustentável e cheio de possibilidades.

É nesse momento que devemos refletir sobre o que cada um de nós pode fazer para ser um agente dessa mudança. Sabe-se que apoio e oportunidades são fundamentais para que os refugiados não só sobrevivam, mas floresçam em seus novos lares. Pensar neles como parte integral da sociedade e não apenas como cidadãos em situação de vulnerabilidade é um passo que todos devemos dar para construir um mundo mais acolhedor. E, antes de seguir adiante, é preciso lembrar que a história de cada refugiado é uma oportunidade de renascimento e, sinceramente, isso é um milagre. Através da resiliência e do apoio mútuo, pessoas que muitos consideram como "outros" se transformam em amigos, vizinhos e familiares. O que podemos fazer para garantir que cada refugiado encontre um lugar seguro e digno? Essa pergunta é crucial e ressoa em nossos corações, instigando uma reflexão profunda sobre o futuro que podemos construir juntos.

Os desafios enfrentados pelos países de acolhimento de refugiados não são apenas questões logísticas, mas envolvem uma teia complexa que conecta economia, cultura e a percepção da sociedade local. À medida que os refugiados chegam, muitas vezes há um receio generalizado que toma conta da população anfitriã. As vozes de muitos cidadãos podem sentir um aperto no peito ao ver que os serviços públicos, já pressionados, têm de se ajustar a uma demanda ainda maior. Essa situação, claramente, tesoura um campo fértil para mal-entendidos e tensões sociais. Mas, curiosamente, nesse panorama repleto de desafios, surgem também oportunidades para o diálogo e para a cooperação.

Estudos mostram que, em algumas cidades que acolhem refugiados, a chegada dessas novas comunidades acaba por trazer uma revitalização econômica. O comércio local sente uma injeção de vitalidade quando novos imigrantes estabelecem pequenos negócios, trazendo consigo sabores e conhecimentos que antes não existiam por ali. Entretanto, não se pode ignorar as dificuldades. É inegável que a coexistência pode ser tumultuada; como em uma balança, se um lado pesa demais, pode desestabilizar todo o sistema. É aí que entra a importância de políticas que abordem a convivência pacífica entre refugiados e cidadãos.

No âmbito das iniciativas de acolhimento, várias cidades têm demonstrado que a criação de espaços comunitários pode ser um divisor de águas. Imagine bairros onde as culturas se entrelaçam – eventos que promovem o diálogo intercultural costumam não apenas dissipar o medo, mas também estabelecer uma base de empatia. Outro dia, ao conversar com um amigo que atua como mediador comunitário, ele compartilhou uma história que me marcou profundamente. Uma pequena cidade do interior organizou um festival de culinária onde os refugiados podem compartilhar seus pratos típicos. O resultado foi incrível. Não houve apenas a fusão de sabores, mas também de experiências e histórias de vida, gerando laços duradouros entre os habitantes locais e os recém-chegados.

Por outro lado, é preciso abordar a resistência que muitas vezes se manifesta. Momento de reflexão: o que instiga essa animosidade? O medo do desconhecido, claro, mas, e se, ao invés de afastar, nos aprofundássemos na história do outro? Em uma sociedade que, frequentemente, exalta a individualidade, lembrar-se de que todos somos parte de uma comunidade é uma missão que requer coragem. A experiência de um grupo de voluntários que trabalha para desmistificar a realidade dos refugiados em sua cidade é um exemplo sintomático. Eles estabeleceram um projeto de contação de histórias, onde as experiências de vida foram compartilhadas em rodas de bate-papo informais. Isso não apenas quebrou barreiras, mas reconstruiu a percepção do que significa acolher.

Ademais, os desafios também são sentidos nas repercussões políticas. Algumas nações, por se verem acuadas em relação à capacidade de acolhimento, decidem fechar suas portas, acentuando a luta por recursos limitados. Esse fechamento não é apenas físico, mas simbólico. Os espaços para diálogos tornam-se ainda menores. No entanto, ao contrário do que muitos poderiam pensar, existem exemplos positivos ao redor do mundo que demonstram como a solidariedade pode prevalecer mesmo em circunstâncias adversas.

Em meio a esse cenário, surge a oportunidade de ação coletiva. Campanhas que promovem a visão de que os refugiados trazem uma mais-valia à sociedade provocam reflexão e mobilização. Quando a sociedade civil se junta para defender uma abordagem mais humana, um verdadeiro milagre acontece: os discursos de ódio são silenciados, e vozes de acolhimento ganham espaço. O ativismo, portanto, se revela essencial. É nessas lutas que o potencial transformador se evidencia, mostrando que a mudança é possível através da união e da solidariedade.

A responsabilidade de acolher vai além de políticas e diretrizes, ela nos toca em um nível pessoal. Portanto, é fundamental que cada um de nós se pergunte: como posso contribuir para um espaço mais acolhedor? O que posso fazer para garantir que, ao chegar, cada refugiado sinta-se em casa? Essas reflexões não são meramente retóricas; são convites à ação, um chamado a não ignorar a dor dos outros. Se conseguir promover um ambiente de diálogo e acolhimento na minha própria comunidade, estarei colocando a pedra fundamental para um futuro mais harmonioso.

Trabalhar em soluções de longo prazo para os desafios que os refugiados enfrentam exige um olhar atento e colaborativo. Muitos países de origem se veem imersos em crises que contribuem para o deslocamento forçado de seus cidadãos. A prevenção, portanto, deve ser estrategicamente planejada não apenas para acolher refugiados, mas para estabilizar e revitalizar suas comunidades de origem.

Em primeiro lugar, a cooperação internacional é fundamental. Imagine um cenário em que nações vizinhas, unidas por um objetivo comum, investem em programas de desenvolvimento que fortaleçam a infraestrutura básica de saúde, educação e emprego. Já viu como pequenas inovações podem gerar grandes mudanças? Uma jovem libanesa me contou como um projeto de irrigação numa vila a salvou da pobreza. Com o acesso à água, as famílias puderam cultivar alimentos em abundância, reduzindo a fome e criando empregos locais. Esse tipo de intervenção pode diminuir a pressão sobre os sistemas de acolhimento em países estrangeiros, ao mesmo tempo em que transforma realidades no país de origem.

Outro aspecto essencial refere-se ao investimento em educação. Em áreas de conflitos, as escolas muitas vezes são as primeiras a fechar. Imagine uma criança, sentada em uma sala de aula improvisada, sonhando em ser médica, artista ou engenheira, mas sem acesso ao básico que a educação pode proporcionar. Quando programas de educação são implementados em parceria com organizações internacionais, não apenas se promove a formação dessas crianças, mas também se fortalece a possibilidade de viabilizar um futuro em suas comunidades. Uma abordagem integrada que abarca desde a educação infantil até a capacitação profissional para adultos se revela vital. E aqui, a tarefa não é fácil; ferramentas de aprendizagem adaptativas, tecnologias e métodos que contemplem a diversidade cultural podem ser a chave para um engajamento eficaz.

A interação entre as políticas de acolhimento e as condições nos países de origem se torna um ciclo. Quanto mais sólidos forem os programas de desenvolvimento estabelecidos nas regiões de origem, menores serão os incentivos para que as pessoas busquem refúgio em outros países. Assim, investimentos direcionados à criação de emprego, capacitação profissional e projetos de desenvolvimento comunitário podem funcionar como um antídoto ao êxodo massivo. Um exemplo marcante é o caso de um projeto de microcrédito no Afeganistão que transformou a vida de centenas de famílias, permitindo que pequenos negócios florescessem e, consequentemente, gerando uma rede de suporte comunitário.

Ademais, enfrentar as causas estruturais do deslocamento não é tarefa de um só governo, mas sim um esforço coletivo que envolve ONGs, organismos internacionais e a própria sociedade civil. Quando juntos, podem criar políticas públicas que abordem a desigualdade socioeconômica e a falta de oportunidades. E o que cada um de nós pode fazer para apoiar esses esforços? Às vezes, uma simples conversa sobre a realidade do refugiado, um debate em uma escola ou em uma reunião comunitária pode desencadear mudanças significativas.

Aliás, interações humanizadoras são cruciais. Conhecer histórias de vida, compartilhar experiências e dar rosto a estatísticas é algo surpreendente. Lembro de ter encontrado um grupo de refugiados de um país em conflito oferecendo aulas de culinária. O sabor daquela comida, repleta de tradições, me fez perceber que, mesmo em meio ao sofrimento, a resiliência e a cultura permanecem vivas. Esse tipo de iniciativa não só empodera o refugiado, como também enriquece o local onde se encontra.

Por fim, refletir sobre esse tema nos traz à tona a urgência da responsabilidade compartilhada. O que podemos fazer para ajudar a criar um ambiente onde não haja mais necessidade de deixar para trás a própria história ou a própria casa? Precisamos olhar para além do horizonte e perceber que, ao apoiar a construção de um mundo mais justo, estamos moldando o nosso próprio futuro. A cooperação internacional não é apenas uma resposta às crises, mas um investimento em um mundo que, por mais desafiador que possa ser, ainda é repleto de possibilidades e milagres.

O papel do ativismo e da sociedade civil é fundamental na luta pelos direitos dos refugiados em um mundo que muitas vezes se mostra indiferente a essa realidade. Temos visto movimentos sociais que, com coragem e determinação, emergem como vozes autênticas em meio ao silêncio que cerca muitas questões relacionadas à migração forçada. É inspirador pensar em como uma simples ideia pode se transformar em um movimento massivo, despertando a consciência crítica da sociedade e impulsionando mudanças essenciais nas políticas públicas.

Imagine, por um momento, uma pequena campanha iniciada por um grupo de jovens voluntários em uma cidade onde a presença de refugiados começa a ser uma realidade. Eles se reúnem em uma cafeteria, discutindo as dificuldades que esses novos cidadãos enfrentam para se integrar. Ao invés de se desesperar, decidiram agir. Com coragem, eles organizaram uma semana de atividades culturais nas praças da cidade. Entre shows de música, dança e até a instalação de uma feira de sabores do mundo, os moradores locais se viram não apenas expostos a novas culturas, mas também encorajados a interagir e dialogar. Foi uma troca enriquecedora.

Esse tipo de ação, que pode parecer simples, é um reflexo do poder que cada um de nós pode ter em fazer a diferença. Quando a sociedade civil se mobiliza, caminha-se rapidamente em direção a um entendimento mais profundo das realidades enfrentadas pelos refugiados. O ativismo não é apenas sobre exigir direitos, mas também sobre construir pontes entre diferentes comunidades, e isso implica um trabalho meticuloso e constante.

Além disso, a presença de organizações não governamentais tem se tornado um elemento promissor. Elas atuam em diversas frentes, desde a assistência imediata até a advocacia por políticas mais justas. Algumas delas têm se tornado verdadeiras referências no que diz respeito a campanhas de sensibilização. Um exemplo notável é a mobilização em torno do Dia Mundial do Refugiado, quando várias instituições se juntam para levar mensagens impactantes à mídia e à população. É notável como pequenas histórias de vida conseguem superar as barreiras do ceticismo e inspirar ações concretas.

Refletindo sobre essas iniciativas, pensamos: o que podemos fazer para garantir que cada refugiado encontre um lugar seguro e digno? É uma questão que nos desafia a olhar para dentro e a considerar nosso papel neste contexto. Todos somos, de alguma forma, responsáveis por acolher, apoiar e lutar pelo que é justo. Não se trata apenas de políticas governamentais, mas de uma mudança de paradigma, onde cada um de nós pode ser um agente de transformação.

Seria ingênuo pensar que as mudanças ocorrem sem esforço. Muitas vezes, utilizamos nosso tempo e energia para caminhar ao lado daqueles que não conseguem levantar a voz. Colocando-nos juntos, em defesa de direitos fundamentais, criamos um ambiente mais acolhedor e humano. As experiências de refugiados nos mostram que, apesar das adversidades, a capacidade de resiliência e superação é incrível e inspiradora.

Coletivamente, a união de esforços pode fazer a diferença. Devemos sempre lembrar que as nossas ações individuais, por mais pequenas que pareçam, se somam a um movimento maior. Despertar a empatia nas pessoas ao nosso redor é uma tarefa diária, e todos nós temos essas histórias a contar. Ao olharmos nos olhos de um refugiado, podemos não apenas ver o sofrimento, mas também a esperança, a força e a determinação de quem busca um novo lar.

Ao final, um questionamento ecoa em nossa mente: como podemos avançar? Cada um de nós deve assumir a responsabilidade de ser proativo, de atuar com honestidade e de se recusar a permanecer indiferente. Precisamos nos envolver, aprender e promover um diálogo que respeite a diversidade e celebre as diferenças. Portanto, vamos nos unir, pois o futuro dos refugiados e, consequentemente, de nossa sociedade, depende da mobilização coletiva e da nossa disposição em ser voz e ação.

Capítulo 12: "Considerações Finais"

Ao longo deste livro, percorremos uma jornada rica e complexa sobre o tema do refúgio e do resgate de refugiados. Desde o início, fomos confrontados com a realidade de milhões de pessoas que, em busca de segurança e dignidade, foram forçadas a deixar seus lares. Discutimos a importância de entender essas experiências não apenas sob a ótica das estatísticas e leis, mas através do prisma humano, considerando os corações e as histórias que se escondem atrás desses números.

Abordamos aspectos legais, como o direito de asilo, laços internacionais e as dificuldades que muitos enfrentam ao tentar acessar essas proteções. A cada capítulo, mergulhamos nas narrativas de vida desses indivíduos, ressaltando suas esperanças, medos e desafios cotidianos. É crucial lembrar que cada refugiado tem uma história única; eles não são apenas "casos" ou "números". São mães, pais, filhos e irmãos que perderam o que tinham de mais caro e, mesmo assim, carregam sonhos e resiliência.

Falamos também sobre a importância de uma abordagem plural e inclusiva. A realidade da migração forçada não pode ser vista de uma única perspectiva. Precisamos de vozes diversas nesse debate, pois cada experiência traz consigo um ensinamento valioso. Esses que atravessam fronteiras em busca de melhores condições enfrentam não só as barreiras físicas, mas também preconceitos e desinformação. E é nessa confusão que muitas vezes nos perdemos, esquecendo-nos da nossa humanidade compartilhada.

Assim, ao revisitarmos cada tema, desde a história das políticas migratórias até as iniciativas de acolhimento, buscamos construir uma compreensão mais profunda do que significa ser refugiado. Em cada um desses relatos, encontramos a reflexão sobre nossa própria condição humana. A empatia surge como um elemento essencial, uma lembrança de que o acolhimento é, em última análise, um reflexo de quem somos como sociedade.

Estes posicionamentos e aprendizagens nos conduzem a uma síntese poderosa: a narrativa dos refugiados não é apenas uma questão de política – é uma questão de dignidade. Sejam quais forem as circunstâncias que levaram essas pessoas a deixar seus lares, um ponto é indiscutível: todos nós temos um papel a desempenhar nessa história. Neste momento crucial, somos convidados a colocar a mão na massa, a agir e a nos conectar com essa realidade transformadora. E é exatamente com esse espírito de colaboração e solidariedade que encerramos este capítulo, prontos para refletir sobre a responsabilidade coletiva que temos para com aqueles que buscam refúgio e recomeço.

A responsabilidade de resgatar e proteger a dignidade dos refugiados transcende as fronteiras dos governos e das organizações. É um compromisso profundo que deve pulsar em cada um de nós. Ao longo deste livro, exploramos contextos, vivências e desafios enfrentados por aqueles que se veem forçados a deixar suas casas. O que fica evidente é que, por trás das estatísticas, existem seres humanos — com sonhos, medos e histórias que se entrelaçam com as nossas. Refletir sobre a situação dos refugiados não deve se restringir a momentos ocasionais de empatia; é um chamado para uma ação contínua que nos envolve e nos transforma.

O que podemos fazer? Comecemos pela educação e pela conscientização. Muitas vezes, a falta de entendimento sobre a realidade dos refugiados alimenta preconceitos e estigmas. Que tal buscar informações confiáveis, participar de discussões que ampliem nossa visão e, quem sabe, até mesmo transformar isso em algo inspirador? Conversar sobre as questões que cercam a migração, a diversidade cultural e os direitos humanos pode ser o primeiro passo para quebrar barreiras e aumentar a empatia. Precisamos olhar nos olhos do próximo e enxergar o reflexo da nossa própria humanidade.

É impressionante pensar que pequenas ações individuais podem ter um impacto massivo em nossas comunidades. Existe uma beleza profunda na solidariedade que se forma a cada gesto, seja ele um simples compartilhamento de uma mensagem informativa, seja a decisão de se voluntariar para iniciativas que acolhem refugiados. Meu amigo, que sempre ajudou em campanhas de doações, certa vez me contou como um único ato de generosidade fez a diferença na vida de uma família. Esse tipo de vivência nos ensina que a ajuda não precisa ser uma grande ação, mas pode vir dos detalhes do cotidiano. Um encontro, uma conversa, um simples gesto pode mudar tudo.

A empatia, por sua vez, é uma poderosa ferramenta para a construção de sociedades mais justas e acolhedoras. Imagine um mundo em que cada um de nós se dispusesse a escutar e a se colocar no lugar do outro. Essa troca alimenta um ciclo virtuoso de compreensão e respeito mútuo. Isso não exige grandes mudanças de sistema, mas sim pequenas mudanças em nossos corações e atitudes, diálogos abertos e a disposição de aprender com histórias que não são nossas.

E aqui vale uma lembrança: a história de vida de um refugiado é marcada por lutas profundas, mas também por conquistas que nos inspiram. Ao nos unirmos em prol do acolhimento, não estamos apenas ajudando, mas sim permitindo que novas narrativas ganhem vida. Por meio do ativismo, podemos dar voz a essas histórias, visibilizando realidades que, frequentemente, ficam à margem das discussões. Quando um indivíduo assume essa responsabilidade, não está apenas mirando um futuro melhor para outro — ele está construindo um futuro mais humano para todos nós.

Incentivar a defesa de políticas públicas inclusivas é outro passo essencial. Se refletirmos sobre como a legislação pode ser moldada para proteger e acolher refugiados, perceberemos que nossa participação na vida cívica é fundamental. Há um poder transformador em nos unirmos em torno de propostas que visem garantir direitos e dignidades. Participar de grupos, fazer lobbying ou mesmo se manifestar nas redes podem ser ferramentas importantes de transformação social.

Por fim, nunca devemos esquecer que a nossa coletividade, a nossa capacidade de enfrentar desafios juntos, é o que nos torna humanos. O caminho à frente está recheado de dificuldades — conflitos armados, desigualdades sociais, mudanças climáticas — e, sem dúvida, a luta por um mundo mais acolhedor e respeitoso será contínua. Essa jornada não é destituída de desafios, mas é nessa construção que encontramos oportunidades de transformação. Cada um de nós possui um papel singular a desempenhar e, juntos, podemos criar um impacto que reverbera muito além de nossas próprias vidas. Afinal, ao resgatarmos a dignidade de um único refugiado, estamos, na verdade, promovendo um milagre, uma esperança renovada em um mundo mais humano.

Mudar o mundo começa com a ação de cada um de nós. Quando pensamos em refugiados, é fácil sentir que a responsabilidade é de governos ou organizações, mas a verdade é que cada gesto conta. Imagino que muitos já se sentiram impotentes em face de um problema tão grande, mas é exatamente aí que podemos fazer a diferença. Considere, por exemplo, um ato simples como conversar sobre o assunto. Ao compartilhar informação e contar histórias, estamos criando uma rede de empatia e conscientização. Aquela conversa ao café da manhã, onde falamos sobre as notícias, pode ser a centelha que acende a transformação. Lembro de uma vez em que uma amiga comentou sobre a importância de acolher o diferente; isso gerou uma discussão rica, repleta de perspectivas que eu não tinha considerado.

Vamos nos envolver. Participar ativamente em iniciativas que visam oferecer abrigo e apoio é um caminho poderoso. Seja através de doações para instituições que cuidam de refugiados ou até mesmo oferecendo seu tempo como voluntário, cada esforço é não apenas necessário, mas essencial. Já ouvi relatos de pessoas que mudaram sua rotina, abrindo suas casas para aqueles que perderam tudo e como isso gerou um impacto transformador, não só na vida dos acolhidos, mas também na vida dos que acolhem.

Muitas vezes, o que falta é a coragem de dar o primeiro passo. Um pequeno gesto — como levar alimentos ou roupas para um centro de acolhimento — é uma resposta concreta às necessidades imediatas, mas também é um convite à conversa. Isso pode instigar outras pessoas a se interessarem pelo tema e a se informarem. Isso atravessa a barreira do individual para o coletivo. O que antes era um problema distante passa a ser uma realidade palpável e próxima.

E não vamos esquecer das políticas públicas. Precisamos ser a voz que clama por inclusão e direitos. Atuar em prol de mudanças que garantam condições dignas de vida para os refugiados é uma responsabilidade social que começa na própria comunidade. Quando você apoia uma candidatura que se preocupa com o assunto ou se envolve em campanhas que visam influenciar as decisões políticas, está contribuindo para um futuro mais justo. É uma ação que reverbera; e toda conversa ou ato pode ter um impacto massivo.

Quero que, ao encerrar este capítulo, você sinta uma urgência não apenas no sentido de dever, mas também de esperança. Há muitas histórias que ainda precisam ser contadas e muitas vidas que ainda precisam ser transformadas. Não subestime o poder da sua voz ou do seu gesto. Um milagre acontece quando nos unimos. Ao refletir sobre o futuro, pergunte-se como você pode ser uma parte ativa dessa mudança. O mundo clama por um futuro mais humano, e juntos, podemos construir um caminho que seja de acolhimento e solidariedade.

Encerramos esse capítulo com um olhar voltado para os desafios que ainda estão à nossa frente. A situação dos refugiados é complexa e multifacetada, e à medida que avançamos, é essencial reconhecer não apenas as dificuldades enfrentadas por essas pessoas, mas também as raízes mais profundas que as levam até nós. Conflitos armados, perseguições políticas, desastres naturais e as desigualdades sociais que parecem ser parte de um ciclo interminável são questões que não podemos ignorar. Elas vão muito além das fronteiras do que entendemos como nossas sociedades, exigindo uma visão global e colaborativa.

É preciso considerar que o deslocamento forçado não é apenas um resultado de guerras e desastres, mas um reflexo de um sistema mais amplo que perpetua a pobreza, a exclusão e a injustiça. Cada refugiado carrega consigo uma história de dor e resiliência, um individual que se entrelaça com o coletivo da humanidade. A luta deles é a nossa luta. E não se trata de um problema distante, algo que acontece em outros continentes, mas uma questão que reverbera em nossa sociedade e que, muitas vezes, se reflete na forma como tratamos o outro na nossa rotina.

A adaptação e a mudança são palavras-chave nesse cenário. À medida que o mundo enfrenta novos desafios, como as mudanças climáticas, estamos diante da realidade de que o número de pessoas forçadas a deixar suas casas continuará a crescer. E se não estivermos preparados, corremos o risco de ver a história se repetir, com mais vidas arruinadas e mais comunidades desintegradas. Isso traz uma responsabilidade coletiva, que vai muito além das ações pontuais e momentâneas. Temos um papel ativo na construção de um futuro onde o acolhimento e a solidariedade sejam a norma e não a exceção.

Portanto, é vital que cada um de nós se pergunte: o que podemos fazer de forma concreta? O que podemos aceitar e desafiar em nossas rotinas cotidianas? Desde a promoção de diálogos que desmontem preconceitos até o envolvimento em ações diretas que ajudem a criar ambientes acolhedores, cada passo conta. Quantas vezes deixamos nossas vozes e ações à margem, pensando que a mudança é tarefa de outros? O ativismo não precisa ser grandioso, e muitas vezes, os menores gestos são aqueles que ressoam com mais intensidade.

Olhar para o futuro nos convida a sonhar com um mundo diferente, onde a empatia é a base das interações humanas. Um futuro onde o próximo não é um estranho, mas parte de uma mesma História, que se escreve com nossas decisões, atitudes e, principalmente, com o amor ao próximo. Afinal, quantas vezes já testemunhamos que um simples ato de gentileza pode transformar vidas? Nossos passos nesse caminho devem ser firmes e comprometidos, mas também leves e compassivos.

Os desafios que enfrentaremos são grandes, e por isso a luta deve ser contínua. Manter a esperança viva é essencial, ao mesmo tempo em que reconhecemos as dificuldades intrínsecas à mudança. O importante é que não nos deixemos paralisar pela dimensão dos obstáculos. Em vez disso, entendamos que cada um de nós é parte da solução, e que, juntos, podemos, de fato, transformar essa realidade que parece tão intransponível. Um mundo mais justo e solidário não é apenas um sonho distante; ele pode começar agora, com nossas ações, com nossa vontade de agir e, sobretudo, com a nossa coragem de nos importar.

Ao longo das páginas deste livro, busquei traçar um panorama abrangente sobre a complexa e dolorosa realidade que envolve os refugiados e a luta por seus direitos. Cada capítulo reflete não apenas informações técnicas e legais, mas também o profundo impacto humano que a questão dos refugiados acarreta. É essencial lembrar que por trás de cada dado, de cada estatística, encontra-se uma vida, uma história, um ser humano que busca segurança e dignidade.

Neste mundo tão conectado, a crise dos refugiados é um desafio que não diz respeito apenas a quem vive nas regiões diretamente afetadas por conflitos, mas também a nós, cidadãos globais. Ao estabelecer um diálogo sobre as raízes do deslocamento forçado, as lacunas na proteção internacional e os deveres dos países de acolhimento, espero ter provocado não apenas reflexão, mas também um sentido de urgência em relação à responsabilidade que todos temos nesta questão.

Conforme seguimos adiante, é fundamental que cada um de nós se torne um agente de mudança. Ao reconhecer a dignidade intrínseca de cada refugiado, ao se opor à desumanização e ao preconceito, podemos transformar nossa postura cidadã em ações concretas de solidariedade. Acredito que a empatia e o acolhimento não devem ser tratados como atos isolados, mas como fundamentos que sustentam sociedades mais justas e coesas.

A luta pelos direitos dos refugiados é, portanto, uma luta pela nossa humanidade compartilhada. Ao seguirmos em frente, que possamos não apenas estar cientes da realidade que os refugiados enfrentam, mas também nos mobilizarmos em busca de soluções que vão além do imediato. O futuro que almejamos, um futuro mais humano e inclusivo, demanda nosso compromisso e nossa voz.

Agradeço sinceramente a você, leitor, por dedicar tempo a esta leitura. A sua conscientização e ação podem ser as chaves para a transformação necessária. Lembro que, juntos, podemos fazer a diferença e abrir caminhos para que a dignidade e os direitos humanos sejam uma realidade para todos.

Com esperança e determinação,

A autora.

www.ingramcontent.com/pod-product-compliance
Lightning Source LLC
LaVergne TN
LVHW010818051026
849532LV00007B/2570